もくじ

Part 1

手紙を書く前に　9～32

Part 2

お礼の手紙 ―― 33〜80

Part 3

お祝いの手紙——81～104

Part 4

お詫びの手紙

Part 5

依頼の手紙

Part 6

付録 177〜191

●本書の使い方

本書ではそのまま使える実例を中心に掲載しています。また、言いかえの表現を下段に記載していますので、差しかえて使ったり、オリジナルの手紙を書くときの参考にしてください。

言いかえのための表現

言いかえの表現で、一般的なものです。本書の実例中の表現と、入れかえて使ってください。

とっておきの表現

言いかえの表現で、心に残るとっておきの表現です。このままでも、これをヒントにアレンジしてもいいでしょう。

はがき　**女性文例**

はがきで出してもいいものには「はがき」のマークを、女性向きの手紙には「女性文例」のマークをつけました。

Part1

手紙を書く前に

実例で解説する

手紙の構成と書き方

手紙の要素を分解すると、前文、主文、末文、後付け、添え書きとなります。それぞれに役割があり、書き方のコツがありますポイントをまとめましたので、参考にしてください。

前文

頭語 謹啓　時候の挨拶 立春の候、相手の安否 ますますご壮健にお過ごしのこととお慶び申し上げます。自分について 長らくご無沙汰いたしておりますが、当方もつつがなくいたしておりますので他事ながらご休心ください。

主文

書き起こし さて、この度は渾身のご著書「四季」をお贈りくださいまして、まことにありがとうございました。選び抜かれた言葉によって、俳句の世界を寸鉄のごとく評論したすばらしいご本で、一気に拝読させていただきました。日頃から、異なるジャンルにおいて精力的に執筆活動をなさり、そのご造詣の深さには敬服してお

●前文

前文は、一般的には頭語→時候の挨拶→相手の安否→自分のことの順で進みます。頭語（21ページ参照）によって、相手への敬意をこめた挨拶をし、その後、相手の健康や現況などを思いやり、その上で自分の安否やご無沙汰のお詫びなど、自分のことを書き加えます。

●主文

手紙の主旨・目的を書きます。相手との関係に配慮し、ふさわしい言葉で、用件を語りましょう。

書き始めの部分を、「書き起こし」または「起首」などといい、「さて」「つきましては」「実は」などの、接続詞によって本文を起こします。用件は、簡潔な表現で、読み手に状況がすぐ伝わるよう工夫します。

末文

りましたが、このご本でまたご活躍の領域を広げられたことに、瞠目しております。

相手の健康を祈る

いよいよご多忙を極められることと思いますが、どうぞご健康第一につとめられますよう、お祈り申し上げております。

取り急ぎ用件を伝えた旨

いずれ拝眉の折ご挨拶申し上げますが、取り急ぎ寸楮にて御礼申し上げます。

謹啓に対する結語

敬具

後付け

平成○○年○月○日

自分の名前

小森康夫

相手の名前

山本啓介様

添え書き

追伸　別便にて冬りんごを少々お送りしましたので、何とぞご賞味ください。

●末文

用件を書き終えたら、手紙を締めくくる挨拶をします。結びは、その手紙の用件に適した終わり方を選び、なおかつ前文とのつり合いを考えましょう。

結びの挨拶には、健康や繁栄を祈る、用件の伝え方について了解を得る、返信を希望する、乱筆を詫びるなどのかたちがあります。

最後に結語を置いて手紙を結びます。

●後付け

後付けは、いつ誰から誰に宛てた手紙であるかを示すものです。日付↓署名↓宛名の順になります。相手の名前の脇に「脇付け」といって「侍史」など相手に対する謙譲を示す言葉をつけることがありますが、最近ではあまり使われていません。

●添え書き

本文で言い残したこと、または本文と切り離して付け加えたほうがいい事柄を、一、二行程度にまとめます。

実例で解説する

手紙文を分解する

手紙の構成をよりわかりやすく理解するために、分解して解説しました。それぞれの書き方のポイントを示しましたので、参考にしてください。なお（　）内は実例の掲載ページです。

前文

①謹啓　②立春の候、③ますますご壮健にお過ごしのこととお慶び申し上げます。④長らくご無沙汰いたしておりますが、⑤当方もつつがなくいたしておりますので他事ながらご休心ください。

主文

⑥さて、⑦この度は渾身のご著書「四季」をお贈りくださいまして、まことにありがとうございました。⑧選び抜かれた言葉によって、俳句の世界を寸鉄のごとく評論したすばらしいご本で、一気に拝読させていただきました。日頃から、異なるジャンルにおいて精力的に執筆活動をなさり、そのご造詣の深さには敬服してお

①**頭語（21ページ）**
最初にくる言葉。文頭は下げずに書きます。時候の挨拶がある場合や、親しい間柄では省いてもいいでしょう。

②**時候の挨拶（16～20ページ）**
頭語がある場合は、一字あけて書き出します。「○○のみぎり」といういい方もあります。

③**安否を問う（15ページ）**
前文で相手の安否を尋ねます。

④**無沙汰のお詫び（14ページ）**
ご無沙汰しているときは、手紙の始めで詫びます。

⑤**自分の安否（15ページ）**
自分や家族の最近の様子などに軽く触れ、短くまとめます。

⑥**起こし文**
主文に移るきっかけとなる文です。よく使うものに、「さて」「ついては」「ところで」「つきましては」「承りますれば」などがあります。段落ごとの書き

りましたが、このご本でまたご活躍の領域を広げられたことに、瞠目しております。

末文

⑨いよいよご多忙を極められることと思いますが、どうぞご健康第一につとめられますよう、お祈り申し上げております。⑩いずれ拝眉の折ご挨拶申し上げますが、取り急ぎ寸楮にて御礼申し上げます。

⑪敬具

後付け

⑫平成○○年○月○日

⑬小森康夫

⑭山本啓介様

添え書き

⑮追伸　別便にて冬りんごを少々お送りしましたので、何とぞご賞味ください。

出しは、一字下げる書き方もあります。

⑦主文の書き出し
始めに手紙の目的を述べると、趣旨が明確になります。

⑧主文
書きたい内容を事前に箇条書きにしておくと書きやすいでしょう。

⑨末文（26ページ）
手紙の最後は相手の健康や繁栄を祈る言葉でしめます。

⑩結び
ここでもう一度主文の目的を述べます。

⑪結語（21ページ）
頭語に応じたものを入れます。

⑫日付
本文より一〜二文字下げて書きます。

⑬署名
自分の姓名を、手紙の下に宛名よりも小さめに書きます。パソコンで書いたものでも、ここだけは自署とします。

⑭宛名
相手の姓名を書き、敬称をつけます。

⑮添え書き
書き忘れたことや、別便で送った物などを控えめに書く場合などに使います。「追伸」「追って」「二伸」などがあります。

これは使える！

一般的な手紙の前文

手紙の書き出しは簡潔にし、テンポよく主題に入れるようにします。どう書き出したらいいか迷うようなら、ここで紹介する慣用語句を使うと、楽に書き出せます。

「手紙を出す」

- 一筆申し上げます。
- 一筆啓上。
- 初めてお便りを差し上げます。
- 突然お手紙を差し上げ、さぞ驚いておられることでしょう。
- 突然お手紙を差し上げる失礼（無礼）をお許しください。
- ○○様よりご紹介いただき、お便りを差し上げます次第です。

「返信」

- お手紙拝見しました。
- ご書面拝見いたしました。
- お便りありがとうございました。
- お手紙うれしく読ませていただきました。
- ごていねいなお手紙をいただき、恐縮しております。
- 思いもよらぬ手紙を頂戴し、正直驚いています。
- あなたから手紙をいただくとは、驚きを隠せません。

「ご無沙汰」

- ご無沙汰を、深くお詫び申し上げます。
- 長らくご無沙汰いたしまして、相すみません。
- 日頃はご無音に打ち過ぎ、失礼の段、衷心よりお詫び申し上げます。
- 光陰矢の如し、ご無音をご容赦ください。
- 退社以来のご無沙汰、面目次第もありません。

▼ご無沙汰いたしておりますがいかがお過ごしでしょうか。
▼お元気ですか。ご無沙汰いたしております。
▼この前お会いしたのはいつだったでしょうか。
▼その後お会いしておりませんがお元気でしょうか。
▼ご連絡しようと思いながら、徒《いたずら》に時が過ぎてしまいました。
▼久しくお目にかかっておりませんが、ご活躍のご様子、目に浮かびます。
▼会う機会がないままに、風の便りに活躍しているとだけは聞いています。
▼最近、お声を聞いておりませんがご活躍のご様子、姉から聞いております。
▼○○の折にお顔を拝見して以来、すでに○年が経ちました。
▼早いものであれから○○年、お互いに歳をとりましたね。

「安否」

▼いかがお過ごしでしょうか。
▼その後お変わりはございませんでしょうか。
▼皆々様にはお変わりなくお過ごしでしょうか。
▼お元気のこととお喜び申し上げます。
▼叔父様にはご健勝のことと存じます。
▼益々ご清祥のこととお慶び申し上げます。
▼お元気でお過ごしのことと拝察いたします。
▼その後お加減はいかがでしょうか。ご案じ申し上げております。
▼先生には益々ご壮健にてご活躍の段、慶賀《けいが》の至りに存じます。
▼当方も元気で暮らしております。
▼私どももおかげさまで、一家つつがなく暮らしております。
▼我が家も全員元気で過ごしております。
▼夫婦二人、おかげさまで壮健に過ごしております。
▼元気で過ごしておりますので、他事ながらご休心ください。

これは使える！

一般的な時候の挨拶

手紙の冒頭で、うつろいゆく四季について語る習慣は、日本ならではの風情でしょう。伝統的な語句を利用することで、手紙の格調が高まります。なお、●の下の挨拶は「～の候」「～のみぎり」と続けます。

「一月」

○睦月　January(Jan.)

●初春●新春●大寒●厳寒●酷寒

▼初春のお慶びを申し上げます

▼ことのほか寒さ厳しい年明けでございますが

▼七草も過ぎましたが

▼厳寒の折から

「二月」

○如月　February(Feb.)

●立春●晩冬●向春●春寒

▼立春とは名のみの寒さですが

▼梅のつぼみがようやくほころんでまいりましたが

▼暦の上では春となりましたが

▼春の兆しが感じられる頃となり

「三月」

○弥生　March(Mar.)

●早春●浅春●春暖●残寒

▼余寒なお厳しい折から

▼春まだ浅き折から

▼桃の節句を境に寒さが緩んでまいりました

▼一雨ごとに春らしくなり

「四月」

○卯月　April(Apr.)

●陽春●薄暑●春暖●桜花爛漫

●仲春●惜春

▼春たけなわの今日この頃

▼春眠暁を覚えずと申しますが

▼春の花々が今を盛りと咲き誇っております

「五月」

○皐月　May(May)

●晩春●薫風●軽暑●新緑●惜春

▼風薫る季節となりました

▼新緑の季節となりましたが

▼五月晴れの空を鯉のぼりが泳いでおります

▼八十八夜も過ぎ

「六月」

○水無月　June(Jun.)

●初夏●向暑●入梅●梅雨●麦秋

▼どうやら梅雨入りしたようでございますが

▼日増しに木々の緑が深まってまいります

▼紫陽花が色鮮やかな季節となり

「七月」

○文月　July(Jul.)

●盛夏●酷暑●猛暑●三伏●炎暑

▼暑中お見舞い申し上げます
▼海山の恋しい季節となりました
▼ビールのおいしい季節となりました
▼暑さ厳しい折から
▼炎暑が続く毎日でございますが

「八月」

○葉月　August(Aug.)

●晩夏●立秋●秋暑●暮夏

▼残暑お見舞い申し上げます
▼暑さも峠を越したかにみえましたが
▼まだまだ熱い日が続きますが
▼暦の上では立秋ですが、暑さいまだ厳しく
▼日焼けした子供たちが夏休みの宿題に汗をかく頃となりました

「九月」

○長月　September(Sep.)

●初秋●清涼●新秋●秋涼
●新涼●秋暑

▼いまだ残暑が続いておりますが
▼九月とはいえ暑い毎日が続き
▼朝夕しのぎやすくなりました
▼爽秋の頃となりました
▼月を愛でる頃となりましたが

「十月」

○神無月　October(Oct.)

●仲秋●秋雨●秋冷●紅葉
●錦秋●寒露●涼寒

▼灯火親しむ候となりました
▼虫の音に秋の深まりを聞く頃となりました
▼味覚の秋となりましたが
▼行楽の季節となりました
▼キンモクセイの香りが秋を告げています

「十一月」

○霜月　November(Nov.)

●晩秋●季秋●暮秋●向寒
●立冬●黄落

▼紅葉のたよりが聞かれる頃となりました
▼菊薫る季節となりました
▼小春日和の日々が続いています
▼木枯らし吹く頃となりました

「十二月」

○師走　December(Dec.)

●初冬●歳晩●寒冷●師走
●極月●孟冬●歳末

▼木枯らしが身にしみる季節となりました
▼師走を迎えあわただしい毎日となりました
▼冬将軍到来の頃となりました
▼今年も残り少なくなりましたが
▼年の瀬も押しつまりましたが

とっておきの表現

心に残る前文

前文は、慣用語句を使わずに、あなたの感性で季節感やまわりの風景、心情などを表現してもいいでしょう。五感を働かせて詩を書くように「今」を表現してみましょう。

「春」

▼寒の戻りとみえて冷え込む毎日です。お風邪など召しませんか。

▼余寒なお厳しく、朝の寝起きに苦労しています。

▼蒲公英《たんぽぽ》の花首がのびて、暖かくなってきました。

▼遅桜がひかえめに咲いています。そちらの桜は散りましたか。

▼朧月《おぼろづき》がふわっと浮かんでいます。いい陽気になりました。

▼朝夕通う道に陽炎《かげろう》がたっていました。

▼菫《すみれ》がようやく蕾を開きはじめました。今年は少し遅い春です。

▼通勤の駅に今年もツバメが帰ってきました。

▼蔦《つた》の若葉がのびてきました。お元気ですか。

▼花冷えが、咲き急ぐ桜をひきとめてくれています。

▼花の雨にうたれながら、春を惜しんでいます。

▼やわらかな春の土を足の裏に感じています。

▼麦青む頃となりました。

▼木蓮《もくれん》の香りがただよう道は、心を穏やかにしてくれます。

「夏」

▼新樹がゆれて、やわらかな緑が目にやさしい季節となりました。

▼楓若葉を愛でながら、この手紙を書いています。

▼木々の芽吹きがいっせいに始まりました。

▼庭の紫陽花《あじさい》は雨を帯びて、彩りのうつろいを艶やかに見せております。

▼梅雨《つゆ》寒に薄手のカーディガンをはおりながら、お便りをしたためています。

▼梅雨雲に押しつぶされそうな、今日この頃です。

▼走り梅雨というのでしょうか。ぐずついたお天気が続きます。

▼今日、夏帽子を出しました。いよいよ暑さ本番です。

▼今年はじめて揚羽《あげは》蝶を見ました。

▼炎天は、まるでつつみこむように肌をこがします。

▼遠雷を聞くうち、ふとあなたを思い出しました。

▼七夕は、俳句の世界では秋の季語だとか。

▼ご機嫌いかがですか。窓ガラスのむこうは青嵐です。

▼都会の街路にも蝉時雨《せみしぐれ》が降りそそぐ頃となりました。

▼観覧車のような遠花火が、小さく見えています。

▼夏の月が、中天をくりぬいたように浮かんでいます。

▼ひさしぶりに、虹を見ました。お元気ですか。

▼晩涼が心地よく、昼の疲れを癒してくれます。

▼夕立ちの通り過ぎた郵便受けに、あなたからの手紙が届いていました。

「秋」

▼①アキアカネの群がベランダの向こうに飛びかっています。

▼秋の音が聞こえてくるようです。いかがお過ごしでしょうか。

▼稲妻が天と地を結びました。こちらは雨になりそうです。

▼鰯雲《いわしぐも》、鯖雲《さばぐも》、鱗雲《うろこぐも》、空いっぱいにさかなへんの雲です。

▼散歩の帰り道、草の実がたくさん服についていました。

▼花屋の店先に色とりどりの秋桜《コスモス》が並びました。

▼このところ②秋霖はとめどもなく、晴れ間が恋しい毎日です。

▼新秋とはいえ、まだまだ日差しは衰えません。

▼秋の夜長を利用して、お手紙を書かせていただきます。

▼③野分が土手のススキをなぎ倒していました。

①アキアカネ…あかとんぼの一種。秋の季語。
②秋霖（しゅうりん）…秋の長雨のこと。
③野分（のわき）…秋に吹く強い風のこと。台風。

「冬」

▼通りすがりの垣根に山茶花《さざんか》をみつけました。
▼いまにも風花が舞うようです。そちらはいかがでしょうか。
▼空風が木々をきしませています。お寒くなりました。
▼白い寒椿《かんつばき》が、夜の庭をほのかに明るくしてくれています。
▼寒の月が夜空にはりついています。ことのほか寒い新年です。
▼極月《ごくげつ》のせわしさに取りまぎれ、ご返事が遅くなりました。
▼小春日和を楽しみながら、これをしたためています。
▼流行風邪のおすそわけにあずかってしまいました。
▼冬日が落ちたばかりの空は、なんと美しいのか。
▼冴え冴えと冬の月が照っています。
▼霙《みぞれ》が音を立てて窓をうちはじめました。
▼そちこちで雪囲いの支度がはじまりました。
▼雪見舞いを申し上げます。

「無季」

▼朝靄《もや》の中を、ジョギングの人が走り抜けていきます。
▼日なたで眠る犬を、午後の風がやわらかになでています。
▼突然の雨に、ずぶぬれの犬が立ちつくしていました。
▼遊び疲れた子供は、いつのまにかソファで寝息をたてています。
▼みな寝静まった家に、猫の寝息だけが聞こえています。
▼幼稚園の送迎バスが着きました。園児たちのにぎやかな声が降りてきます。
▼日に一度は聞こえる緊急自動車のサイレンが、今また過ぎていきました。
▼雨が川面に縮緬①のような波をたてはじめました。雨足が強くなるようです。
▼消防車のサイレンを聞いて、また、どこかの犬が遠吠えしています。
▼飛行機雲の輝く軌跡が空を二つに分けています。

①縮緬（ちりめん）…細かな皺のある絹織物

これは使える!

頭語と結語の組み合わせ表

頭語・結語は、手紙文の中での「こんにちは」「さようなら」の挨拶です。手紙の内容や送る相手にあわせて、また手紙の文体と統一感のあるものを選んで用います。

	頭語	結語
一般的な手紙	拝啓・拝呈 一筆啓上 一筆申し上げます	敬具
丁重な手紙	謹啓・粛啓・謹呈・恭啓 謹んで申し上げます	敬具・敬白 頓首・再拝
急ぎの手紙	急啓・急白・急呈 取り急ぎ申し上げます	敬具・草々・不一
前文略式	前略　冠省　略啓 前略ごめんください 前略失礼します	草々・不一・不尽
再度出す場合	再呈・再啓・追啓 お手紙拝受いたしました お手紙拝見いたしました 貴信拝受いたしました	敬具・敬白・不一
返信	拝復・謹答・拝答 重ねて申し上げます	敬具・不一
女性用	口語調の頭語で書き始める	かしこ

●使い方のポイント

組み合わせが決まっているので、間違えないようにしましょう。上の表以外にも数多くありますが、現在、あまり使われなくなっているものは省きました。使い方のポイントは以下のとおりです。

一、結語はほとんどの場合「敬具」を使いますが、「前略」を使った場合は「草々」か「不一」とします。

二、「かしこ」は女性が使う結語で、男性の文には使いません。

三、「前文省略」のあとに季節の挨拶を書くのは誤りです。

四、「前略…草々」は便利なため乱用の傾向がありますが、折々の挨拶状や改まった礼状には用いませんので、状況を考えて使い分けることが大事です。

五、結語は必ず行末に書き、下から一字上げます。

尊敬語・謙譲語・敬称・謙称

これは使える!

手紙の文章の中で、相手または相手の関係者について書く場合は敬称を用います。自分または身内に関しては謙称を使います。「先生様」「各位殿」は二重敬称となり誤りですので気をつけましょう。

尊敬語（相手をうやまう）と謙譲語（書き手がへりくだる）

動作/対象	尊敬の表現（相手に関すること）	謙譲の表現（書き手に関すること）
行く	おいでになる　お出かけになる　行かれる　いらっしゃる	伺う　上がる　まいる　参上する　お訪ねする
来る	おいでになる　おみえになる　いらっしゃる　お越しになる	伺う　上がる　まいる　参上する
言う	おっしゃる　言われる　仰せになる	申す　申し上げる
する	される　なさる　あそばす（女性が使う）	いたす　申し上げる　させていただく
食べる	召し上がる　おあがりになる	いただく　ちょうだいする
会う	お会いになる　会われる	お目にかかる　拝眉　拝顔
思う	お思いになる　思し召す　思われる	存じる　存ずる　拝察する
読む	お読みになる　読まれる　ご一読賜る	拝読する　読ませていただく
見る　見せる	ご覧になる　ご高覧になる　お見せくださる	拝見する　ご高覧に入れる　お目にかける
もらう	お納めになる　ご受納になる　おもらいになる	いただく　拝受する　ちょうだいする
聞く	お聞きになる　聞かれる　お聞き及びになる	伺う　拝聴する　承る　お聞きする
知る	ご存じ　お知りになる	承る　存じ上げる　存じる　存ずる
意見	ご意見　ご高説　ご卓見	私見　愚見　愚考
品物	佳品　お心づくしの品　ご厚志　ご芳志	粗品　寸志　心ばかりの品　気持ちばかりの品

*この表は手紙に書く場合を想定して作っていますので、丁寧語も含まれています。

宛名の敬称

様	一般的で誰にでも使えますが、普段先生とお呼びしている方には、先生とした方が自然です。
殿	最近は会社などの組織内での使用に限られてきました。
皆々様	ご一同様などと同じで、家族やサークルなど、相手が複数の人の場合に使います。
御中	企業や団体宛ての敬称です。

敬称（受け手側に使う）と謙称（書き手側に使う）

対象	敬称	謙称
本人	貴方　貴女　貴君　貴下　貴職　貴殿 貴方様　尊台　貴台　大兄	私　小生　わたくし　小職　愚生　当方
夫	ご主人(様)　旦那様　ご夫君　ご令婿	夫　主人　宅　亭主　愚夫　つれあい
妻	奥さん　奥様　ご令室　奥方様　令夫人 妻君（同輩以下の相手に使う）	妻　家内　細君　女房　愚妻　家人 つれあい
夫婦	ご夫妻　ご夫婦　お二方	私ども
子供	お子さん　お子様	子供たち　子供ら
息子	息子さん　ご子息(様)　ご令息 御令嗣　坊ちゃん　お坊っちゃま	息子　愚息　せがれ
娘	お嬢さん　お嬢様　ご令嬢(様) お嬢ちゃん　お嬢ちゃま	娘　愚娘
父	お父様　お父上　父君　ご尊父 お舅様　御岳父様(妻方の父親に使う)	父　おやじ　実父、舅　義父 養父、亡父　先代
母	お母様　お母上　母君　ご母堂、 お姑様、　御岳母様(妻方)	母　おふくろ　実母、姑　義母　養母 亡母
両親	ご両親様　ご父母様　ご両所様 お二方、御舅姑様	父母　二親　両親、義父母、養父母
家・家族	ご家族様　ご一統様　ご一同様、 ご尊家　貴家　お宅様	家族一同　家内一同　家内中　私ども、 拙宅　私宅　当家　小宅
祖父	お祖父様　ご隠居様	祖父
祖母	お祖母様　ご隠居様	祖母
兄	お兄様　兄上様　ご令兄、 ご姉婿様	兄　愚兄、義兄、姉婿
姉	お姉様　姉上様　ご令姉、 ご兄嫁様　お嫂上様	姉　愚姉、義姉、兄嫁
弟	弟様　ご令弟　ご舎弟	弟　愚弟、義弟
妹	妹様　ご令妹	妹　愚妹、義妹
おじ	伯父様(兄)　伯父上様 叔父様(弟)　叔父上様	伯父　叔父
おば	伯母様(姉)　伯母上様 叔母様(妹)　叔母上様	伯母　叔母
甥	甥御様　ご令甥	甥　愚甥
姪	姪御様　ご令姪	姪　愚姪

その他：○○殿、○○様、○○氏、○○夫人、○○先生、○○君（くん）、○○さん

これは使える!

一般的な人のほめ方

お礼状やお祝いの手紙、推薦文などではほめ言葉を上手に書きたいもの。しかし人をほめるのはなかなか難しく、適当な言葉が思いつかない場合がよくあります。そんなときの参考にしてください。

「年輩者をほめる」

▼常日頃かくしゃくとしたお姿を拝見し、敬服いたしております。

▼颯爽《さっそう》としたご容姿から、七十五歳というご年齢を知らずにおりました。

▼八十歳と伺い、驚きを隠せません。

▼若々しくていらっしゃることを、心からうらやましく思っております。

▼若さの秘訣をお教えいただきたいものです。

「手腕をほめる」

▼○○様なくして○○の達成はあり得なかったでしょう。

▼あなたの采配あってこその、成功だと思います。

▼いつもながらお見事なお手並みに敬服いたします。

▼さすが○○さんのご手腕と感心しております。

▼卓越したご見識ならびにご指導力には、感服いたしております。

▼ひとえに、○○様のご尽力の賜でございます。

「努力をほめる」

▼ご研鑽《けんさん》を積まれ、幾多の障害を乗り越えられましたことは称賛に値します。

▼真摯《しんし》に努力され、見事○○を手中になさいました。

▼艱難辛苦《かんなんしんく》の末、成功を収められましたことは慶賀《けいが》に堪えません。

▼並大抵のご努力ではなかったであろうと拝察いたします。

「才能・性格をほめる」

▼天は二物どころか幾多のものをお与えになったとうらやましい限りです。

▼豪放磊落《らいらく》で、そばにいるだけでこちらの気分も大きくなります。

▼つねに堂々としておられ、些細なことに動じない精神をお持ちです。

▼公明正大で、皆の手本となる方です。

▼一見磊落にみえて、実は繊細な配慮を怠らない苦労人です。

▼温厚篤実《とくじつ》で、慈父のごとき存在です。

▼強い意志と緻密《ちみつ》な頭脳を併せ持つ、並はずれた器と皆の間で評判です。

▼時代を牽引《けんいん》する人材の一人として、注目されているのをご存知ですか。

▼辣腕《らつわん》家でありながら、決して人への配慮を忘れない人です。

▼あなたの竹を割ったような性格が、友人の多さに反映されているのですね。

▼いつも忌憚《きたん》なくお話ができる方と、後輩からも慕われています。

「子供・青年をほめる」

▼お上手にご挨拶ができる、利発なお子さんですね。

▼愛くるしいお顔立ちのお子さんでさぞやお父様はご自慢でしょう。

▼ご器量もよく賢いお嬢ちゃんで、将来が楽しみですね。

▼いつ見ても初々しさがただようお嬢様ですね。

▼ご聡明でお人柄も申し分ない息子さんです。

▼温厚で誰からも好かれるご子息と伺っています。

▼穏やかな中にも芯の強いお嬢様と、皆さんおっしゃいます。

▼いつお会いしても明るくご挨拶くださり、気持ちの良い方です。

▼天真爛漫《てんしんらんまん》で周囲を明るくしてくれるお嬢様です。

▼今どきの若い方にはめずらしい、お行儀のよい青年です。

▼お若いのに気働きのできる人です。

▼若者らしいナイーブな感性を持っています。

▼溌剌《はつらつ》として気持ちのいい青年です。

▼朴訥《ぼくとつ》なところが魅力の青年です。

これは使える！

一般的な末文

末文には定型文がありますので、これを利用して手紙の終わりとします。左にあげた例文はひとつだけでも末文として充分ですが、いくつか組み合わせて使ってもいいでしょう。

「よろしく」

▼今後ともよろしくお願い申し上げます。
▼何卒よろしくお願い申し上げます。
▼末筆ながら奥様にもよろしくお伝えください。
▼ご両親様にくれぐれもよろしくお伝えください。

「相手を思いやる」

▼時節柄ご自愛ください。
▼くれぐれもご自愛の上お過ごしください。
▼ご自愛専一のほど念じております。
▼お身体お大切にお過ごしください。
▼皆様のご健勝をお祈り申し上げます。

「簡潔な末文」

▼取り急ぎ用件のみにて失礼申し上げます。
▼まずは、ご報告かたがたお礼まで。
▼右、取り急ぎご報告まで。
▼略儀ながら書中をもって失礼申し上げます。
▼以上、よろしくお願い申し上げます。
▼お手数ですが、よろしくお取りはからいください。
▼詳しいことはあらためてご連絡いたします。
▼お返事お待ちしています。
▼よいお返事をいただけましたら幸いです。
▼長くなり失礼しました。
▼乱筆にてあしからず。
▼乱筆乱文にてお許しください。

とっておきの表現

心に残る末文

末文が印象的だと、手紙を読み終わったときに余韻が残り、手紙全体が印象的なものになります。奇をてらいすぎることはありませんが、いろいろ工夫してみる価値はあります。

「心をこめて」

▼まずは貴君の明日に乾杯し、お祝いの言の葉並べさせていただきました。

▼まずは久々のご馳走に舌鼓を打ちながら、お礼のごあいさつまで。

▼お目もじの折、御礼申し上げますが、まずは筆の赴くままごあいさつまで。

▼とりあえずあなたのお噂話を肴に、一献傾けることと致します。

▼久々のお便りに心楽しく、まずはお礼まで。

▼やさしさに満ちあふれたお便りに、今日一日幸せに過ごせそうです。

▼まずは、意中お汲み取りのほど、書中にて乞い願います。

▼希《こいねが》う、ご返信。

「謙遜して」

▼あまりのボキャブラリーの貧しさに身を細らせながら、書中をもってお詫びを申し上げます。

▼以上、徒然《つれづれ》なるままの駄文ご容赦いただきたく。

▼以上、悪文、多謝、多謝。

▼ご判読不能の文字はお見捨てくださり、何とぞよしなにお汲み取りのほどお願い申し上げます。

▼以上、悪筆ご判読感謝申し上げます。

▼もとよりご承知の悪文、乱筆、何とぞお見逃しくださいませ。

実例で解説する

手紙・はがきの書き方

罫線のあるものは両端に若干の余裕をもたせ、行頭・行末の文字がそろうように字配りをします。御、ご、尊、貴、相手の氏名が行の下にきたり、2行にわたらないよう、気をつけます。小生、私など自分側の呼称が、行頭にこないようにします。

①②拝啓　都会の紅葉も見ごろとなってまいりました。
③このたびは、ご結婚まことにおめでとうございます。
ご婚約中の仲睦まじいご様子をお見かけしており
ましたので、お知らせをうれしく拝見いたしました。
新生活が始まり、日々お幸せにお過ごしのことと
存じます。お二人ともにご趣味も広く、スポーツも
万能と伺いました。お似合いのご夫婦でご両家の
親御さんもさぞかしお慶びでしょう。わが家も
近いことですし、どうぞ気軽にお立ち寄り下さい。
お茶でもご一緒いたしましょう。楽しみにお待ち
しております。
④お二人の末永いご多幸を心からお祈りし、まずは
書中にてお祝いを申し上げます。
敬具⑤
⑥平成　年　月　日
松野いつ子⑦
⑧藤本信也様
香織様
追伸　別便にて胡蝶蘭をお送りしましたので
お納め下さいませ。⑨

①頭　語	1行目冒頭から書く。
②時候挨拶	1行目頭語の後に1文字空けて続ける。あるいは2行目、または冒頭1字下げて始めてもよい。
③主　文	行頭から、または1字下げて始めてもよい。
④結　び	改行する。
⑤結　語	文字の大きさを本文より若干小さく書く。同じでもかまわない。本文が終わる位置が、行の上にあれば、同じ行の下に書く。ただし行末より1文字上がった位置におさめる。
⑥日　付	結語の次の行の、行頭より1～3文字下げ、若干小さめの文字で書く。
⑦署　名	日付の次の行、行末より1文字分上がった位置におさめる。宛名より文字が大きくならないように。
⑧宛名·敬称	本文と同じ高さ、あるいは1文字下げる。文字は大きめに書く。
⑨添え書き	本文より2～4文字下げて、小さめに書く。

①② 拝啓 都会の紅葉もなかなかの風情になりました。
③ このたびは、ご結婚おめでとうございます。
お知らせ嬉しく拝見いたしました。
ご婚約中の仲睦まじいご様子をお見かけしており
ましたので、お二人の新生活が始まったことを心から
お慶び申し上げます。
ご新居は、わが家に近いことですし、どうぞ気軽に
お立ち寄り下さい。楽しみにお待ちしております。
なお、お祝いのしるしに胡蝶蘭の鉢をお送り
しましたのでお納め下さい。
④ お二人のご多幸を心からお祈りし、まずは書中
にてお祝い申し上げます。

敬具 ⑤

⑥ 平成　年　月　日

石井 雅哉 ⑦

⑧ 森 善雄様
瑛子様

洋子様
お花見の折の写真
お送りします
ご笑納下さい
また遊びましょう
かしこ

●一筆箋
宛名を冒頭に書きます。頭語や結語は省いてもいいでしょう。略式で、用件だけ伝えるものなので、形式にこだわらず、全体のバランスを考えておさめます。

●はがき
書き方は手紙に準じますが、手紙よりも簡潔にまとめます。後付けは不要です。

①② 拝啓 その後いかがお過ごしですか。
③ 過日お会いした折、お探しだと伺った
古書、神田の寿書店で見つけ
ました。よろしかったら行って見て下
さい。今年は雪も降らず思いの
ほか暖冬となりましたがくれぐれも
④ ご自愛専一にお暮らし下さい。
まずはとり急ぎご連絡のみにて。
⑤ 敬具

実例で解説する

封筒・はがきの書き方

表書きは、相手の名前を中央に大きめに書き、住所はそれよりも小さめに書きます。住所の長さや社名、肩書きの有無によって、多少配置は変わりますが、きれいに見せるコツは全体のバランスです。

●封筒/縦
郵便番号枠から1センチないし1.5センチ下がった位置から、住所、宛名の最初の文字を書き始めます。ただし、住所の終わりの文字が、宛名の敬称より下がらないよう気をつけます。

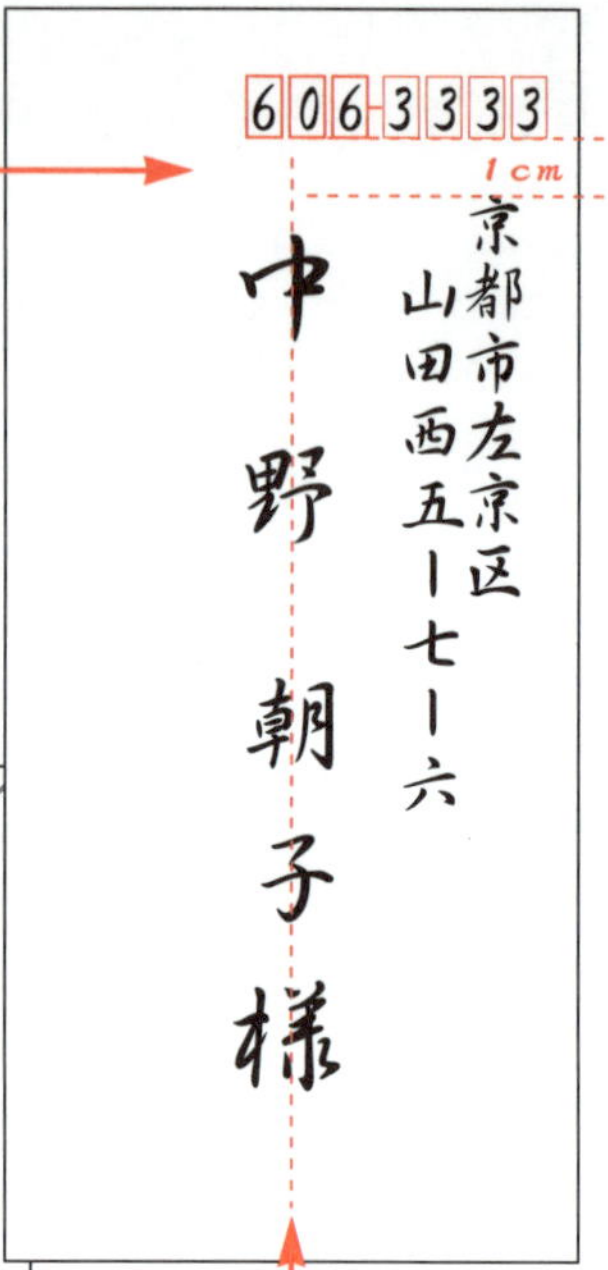

縦書きの場合は、はがき・縦長の封筒・角封筒いずれも中央に宛名がくるように配置します。

封かんをする場合、〆、封、緘と書いて封をします。

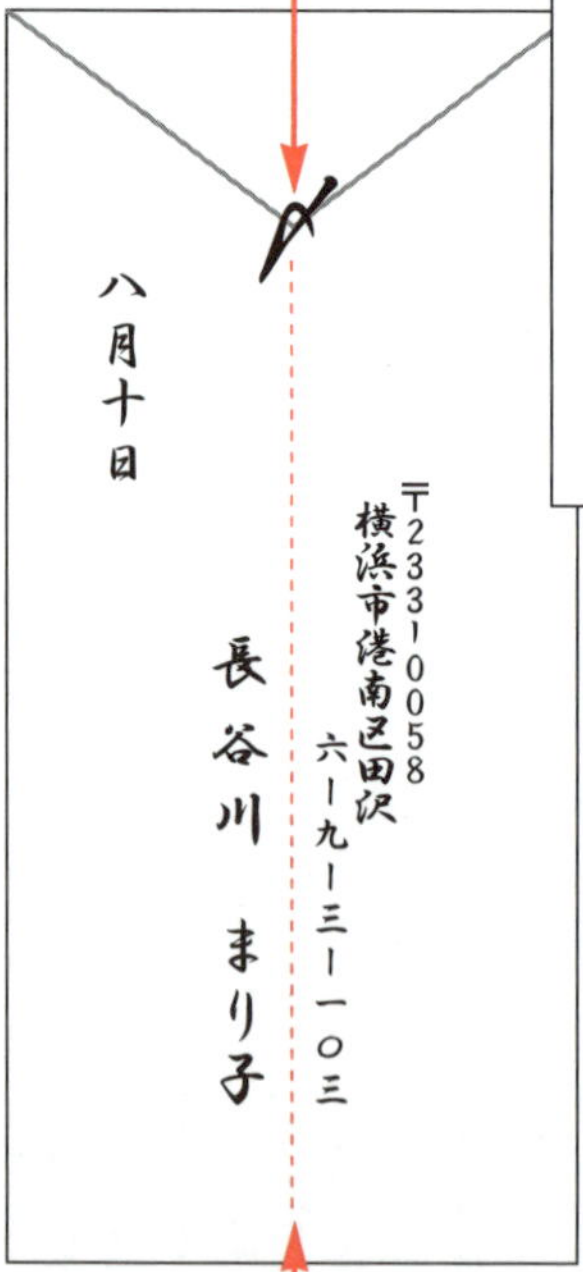

縦長封筒の裏書きは、封筒の合わせ目の右に住所、左に名前を書きます。日付を書く場合は、封筒の左半分の上部に入れます。

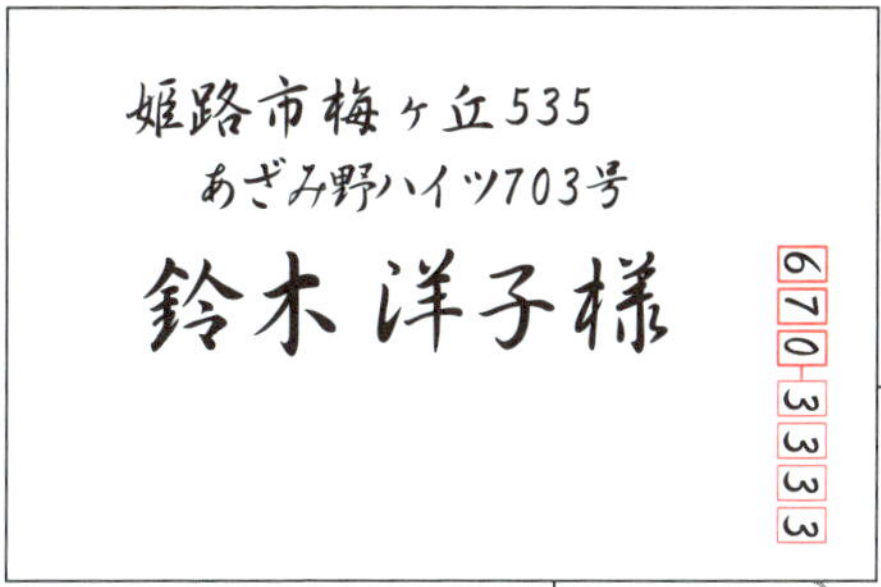

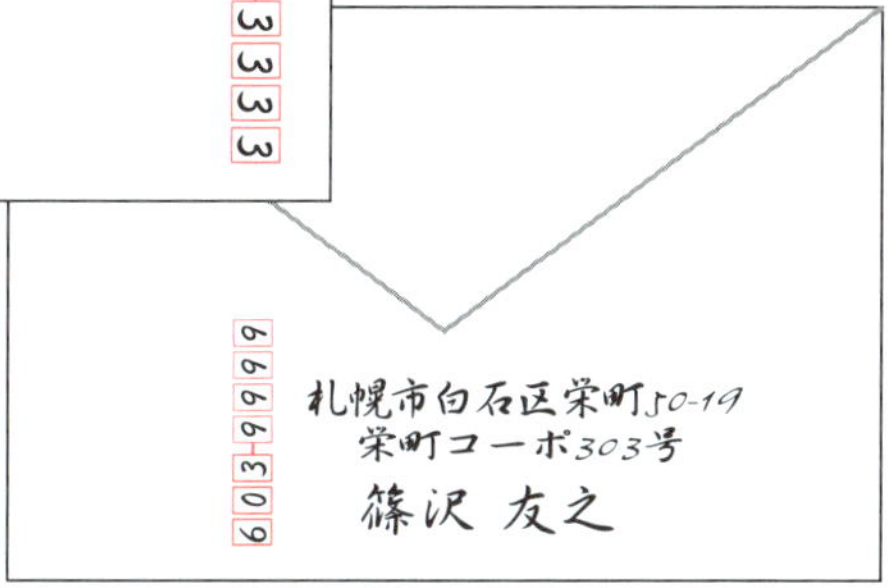

●封筒/横
基本は縦書きと同じで、宛名は封筒の中央にくるように書きます。差出人については裏に書きますが、封かんの印は書きません。

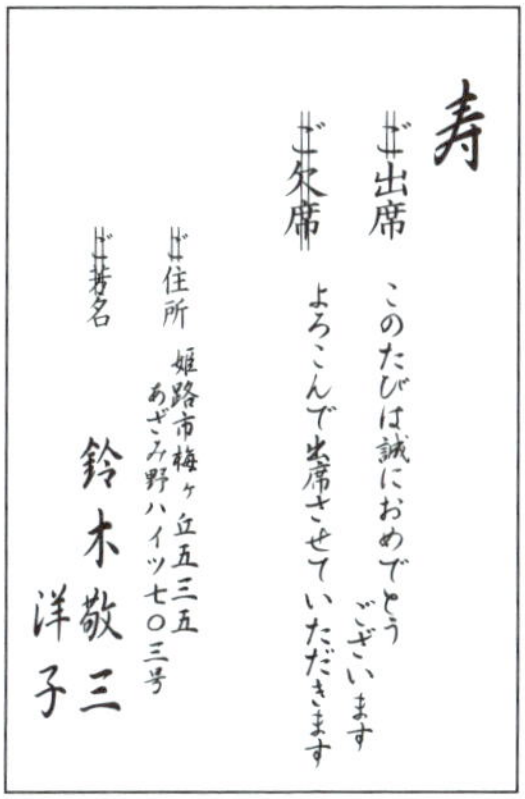

●はがき/出欠
出欠を知らせる返信用はがきでは、自分に対する「ご（御）」は線で消します。名前の「ご芳名」は「ご芳」まで忘れずに消します。結婚式の招待状などの場合は、ひと言お祝いのメッセージを添えてもいいでしょう。尚、宛先の敬称が「行」になっていたら、線で消して、横に「様」と書きます。

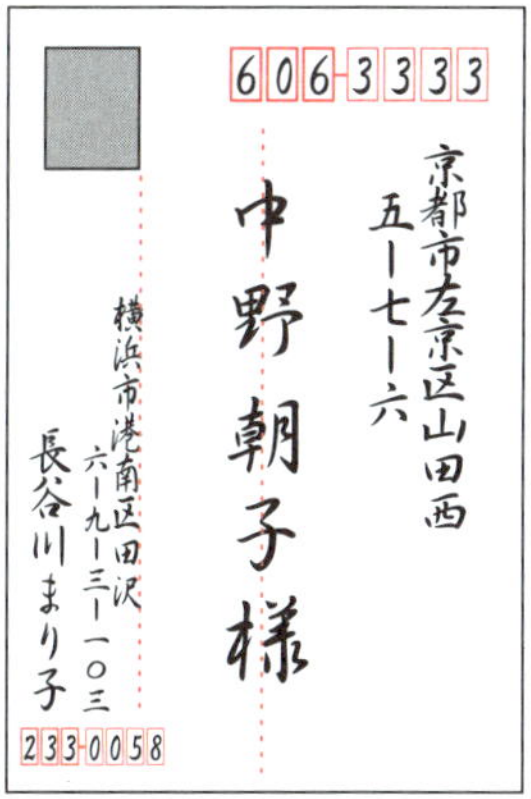

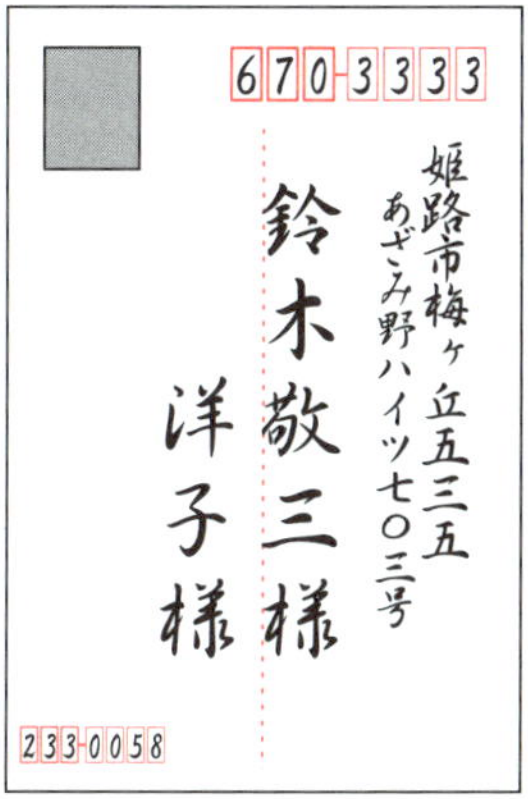

●はがき
差出人については、切手の横幅程度の幅におさめる。住所の書き出しは、はがきの縦半分よりやや上ぐらいから、名前は住所より少し下げ、文字は住所より少し大きめにします。ただし、書き終わりは住所とそろえます。

ミニ知識

■「拝啓」「敬具」「敬白」どういう意味？

「拝啓」で始まり「敬具」で終わる手紙の形式。これは一体どういう意味があるのでしょうか。ひとつひとつの文字の字源をたどると、その意味がよくわかります。

拝【はい　おがむ】
字義　ていねいにお辞儀をすること。
字源　「整ったささげ物＋手」で、神前や身分の高い人の前に礼物をささげ、両手を胸もとで組んで敬礼をすること。ひいては、敬意を込めて行う動作の接頭辞となる。

啓【けい　ひらく　もうす】
字義　あける。申す。申し上げる。
字源　「戸＋攴（て）＋口」。閉じた戸を手でひらくこと。転じて、戸をひらくように、閉じた口をひらいて陳述するという意味となる。

すなわち、**拝啓**とは「拝」お辞儀をして「啓」申す、「謹んで申し上げます」という意味です。

敬【けい　うやまう】
字義　うやまう。つつしむ。からだを引き締めてかしこまる。
字源　苟（キョク）は、「羊の角＋人＋口」からなり、角に触れて、人がはっと驚いてからだを引き締めることを示す。

具【ぐ　そなえる　つぶさ】
字義　そなわる。お膳立てがそろう。つぶさに。つつしんでそなえる、申しあげる。
字源　上部は鼎かなえの形、下部に両手を添えて、食物を鼎に整えてさし出すさまを示す。そろえた用具などの意を含む。

すなわち、**敬具**の「敬」は「かしこまって」を、「具」は申し上げるを意味し、「謹んで申し上げた」ということになります。

「敬白」の「白」は物事がはっきりしているさま、内容をはっきり外に出して話す意味から、上の人に真実を申しのべるという意味があります。

（参考文献　学習研究社「漢字源」、角川書店「漢和中辞典」、三省堂「新漢和中辞典」）

Part2

お礼の手紙

実例で解説する

お礼の手紙 書き方のコツ

「お礼の手紙」は、いただいたお祝いや好意に対して、心からの感謝の意を伝えるものです。できれば、具体的にどう嬉しいかを書き、素直に喜びを表現すると、好感を持ってもらえる手紙になります。

前文

謹啓　盛夏の候、ますますご健勝にお過ごしのこととお慶び申し上げます。ご無沙汰しておりますが、私どもも元気に暮らしておりますので、ご休心ください。

主文

さて、この度は思いがけずとてもすばらしい備前焼の茶器をお贈りくださいまして、本当にありがとうございました。添え書きを拝見して驚きましたのは、なんとご自身の作だとか。多趣味でいらっしゃることは存じておりましたが、このように玄人はだしの腕前とは知らず恐れ入りました。色合いといい形といい何とも

●前文

お礼の手紙はあらたまった手紙のひとつですから、前文は「頭語」から始め「時候の挨拶」「相手の安否」「自分のこと」というように形式にのっとって書き上げます。親しい間柄や、相手が目下の場合は、「前略」で始めて、取り急ぎお礼状を出しましたという手紙にしてもかまいません。

●主文

ひと口にお礼といっても、いろいろなケースがありますが、どのケースでも、主文ではまず何に対して礼を述べようとしているかを、「このたびは○○をしていただき、ありがとうございました」というように、冒頭で明らかにします。そして、次に「そ

いえない味わいがあり、お人柄がうつる器です。末長く愛用させていただきます。

末文

いずれお目にかかりました折にはご挨拶申し上げますが、取り急ぎここに心からお礼を申し上げます。

敬具

後付け

平成○○年○月○日

中田洋一

塩田五郎様

添え書き

追伸　お口に合うかどうか、当地の地酒聞酒願いたく。

れがどのようにありがたかった」かを説明します。大げさにならぬよう、相手への敬意をこめて表現します。

●末文

最後に「今後もよろしく」という意味合いの挨拶を付け加えます。

●そのほかのポイント

肝心なことは、お礼状を書くタイミングで、速やかに出すべきであることはいうまでもありません。ただ、何らかの事情でお礼状が遅れてしまったときは、「お礼が遅れましたことご容赦ください」などと付け加えます。

また、物をいただいた場合は、そのときだけのお礼で済むこともありますが、世話になったり、借り物をした場合は、結果が伴いますので、事が済んだあとに報告をかねてもう一度お礼状を出す方がいいでしょう。相手も力を貸した甲斐があり心証もよいものです。

品物をいただいた「お礼」

▼お中元をいただいて

女性文例

前文

拝啓　盛夏の候、おすこやかにお過ごしのこととお慶び申し上げます。

主文

さて、この度はお心づくしの品をお贈りくださり、ありがとうございました。

お送りいただきました調味料は、どれもわが家には欠かすことのできない品ばかりで、毎日重宝しております。

いつもお心遣いいただいて、恐縮に存じます。

暑さ厳しき折から、くれぐれもご自愛くださいますようお祈り申し上げます。

ワンポイント

いただいた品物の感想は、送り主にとって大変うれしいものです。品選びの際の気配りに配慮した内容でもいいでしょう

言いかえのための表現

前文　梅雨明けと同時にお暑い日が続きますが、皆様にはお変わりなくお過ごしでしょうか。

とっておきの表現

- 目にも涼やかなお菓子をいただき、しばし暑さを忘れました。
- 頂戴した○○産の桃はみずみずしく甘さも芳香も豊かで、家族一同堪能いたしました。
- 甘党の私どもには垂涎《すいぜん》の銘菓をお贈りくださり、一同目を細めて賞味させていただきました。

はがき

拝啓　炎暑の候、いかがお過ごしでしょうか。当方はつつがなく暮らしております。
さて、このたび結構なお中元のお品を頂戴致しました。いつもお心にかけてくださり、申し訳なく思っております。本日、ささやかながらお返しに○○をお送りしましたのでご笑納ください。末筆ながら、ご家族の皆様によろしくお伝えください。

敬具

末文

まずは、取り急ぎ書中をもって御礼申し上げます。

敬具

後付け

七月二十日

佐藤和子

伊東浩一様

女性文例

暑さ厳しき折、ご家族皆様お元気にお暮らしのご様子、なによりでございます。さて、このたびは、御地の名産品○○をたくさんお送りいただきありがとうございました。みごとな○○で、あまりのおいしさに家族皆で一度に平らげてしまいました。お礼のしるしに、当地の△△をお贈りいたします。何とぞ、ご笑納くださいませ。
時節柄、皆様どうぞお体を大切に。

かしこ

- 左党の主人の好みをよくご存じで、銘酒○○をお贈りくださるとは感謝感激です。
- 銀だらの粕漬けは母の大好物で、普段よりも食が進んでおりました。
- 大家族のわが家にはまことに重宝なもので、恥ずかしながら心待ちに致しておりました。
- ふたりきりの所帯にご配慮くださり、小分けにしていただいてとても嬉しく存じます。

▼お歳暮をいただいて

はがき

拝啓　師走の候、お忙しくお過ごしのことと存じ上げます。

さて、早々とお歳暮をお贈りくださいまして、ありがとうございました。私どもの身体を気遣い健康茶のセットとは、幸子さんらしい気配りと感心しています。早速頂戴しましたが、香りもよくおいしく、食後の楽しみが増えました。

いつもお心にかけていただき、恐縮に存じております。

寒さ厳しき折、くれぐれもお体を大切になさいまして、良いお年をお迎えくださいませ。

まずは、取り急ぎ御礼申し上げます。

敬具

ワンポイント
お歳暮のお礼状は、年の瀬の挨拶に始まり、明年への一文で終わるようにするといいでしょう。

言いかえのための表現
前文　前略　本日、たいへん結構なお歳暮を頂戴いたしました。
主文　毎々、ご配慮くださり本当にありがとうございます。
末文　向寒のみぎり、どうぞご自愛ください。右、お礼まで。

とっておきの表現
- この時期、日本酒の詰め合わせはこの上ない到来物です。
- なつかしい故郷の味をお贈りくださり、しばし感傷にひたりました。
- 私どもには高嶺の花のタラバガニを頂戴し、にわかにわが家は興奮状態におちいりました。

はがき

拝啓　本年も余日数えるばかりとなってまいりました。

さて、このたびはご丁寧にお歳暮の品をお贈りくださいまして、まことにありがとうございました。珍しいお品を頂戴して一同、大変喜んでおります。同封されていました生産者の言葉に感激し、ここまで徹底した仕事ぶりを久しぶりに見て、あわただしい年末にすがすがしい思いを味わいました。重ねてお礼申し上げます。

お忙しい毎日かと存じます。何とぞご健康には充分留意され、新しい年をお迎えください。

明年も、どうぞよろしくお願い申し上げます。

敬具

はがき

前略
本日、あなたのお心のこもったお歳暮が届き、うれしく頂戴いたしました。なかなか手に入らないお品で、何よりでございます。最近では息子も晩酌に付き合うようになりましたので、家族三人でゆっくり、楽しませていただきます。
右、取り急ぎ、お礼まで。
草々

- 今夜はさっそく老舗の味を堪能させていただきます。
- 珍味の詰め合わせは、左利きには大変ありがたい贈り物です。
- 入手困難といわれる老舗○○の○○を、わざわざお取り寄せいただき感激しています。
- お贈りくださった産地直送のホタテ貝はとびきり新鮮で、家族一同大騒ぎしながら頂戴しました。
- 箱を開けると、甘い林檎の香りがリビングに満ちました。

お礼とお返しの送り状

はがき

女性文例

この度は早々にお心配りのお品をいただき、有難う存じました。本来、こちらから先にご挨拶するべきところ、誠にお恥ずかしい限りでございます。
お気に召すとよろしいのですが、本日、遅ればせながら、別便にて粗酒をお送りいたしましたので、何とぞ、ご笑納くださいませ。
余日わずかとなりました。どうぞ、良いお年をお迎えください。右、取り急ぎお礼まで。

かしこ

前略　この度は、ご多忙の中お心遣いくださり、大変結構な品をお贈りくださいまして、ありがとうございました。また、お礼のご挨拶が遅れ、大変失礼いたしました。昨日当方からも、心ばかりの品をお送り致しましたので、どうぞお納めください。時節柄ご自愛専一のほど、心からお祈り申し上げます。

草々

ワンポイント

先方から先にいただいたことにまず感謝の意を表し、こちらからもお返し物をしたことを付け加えます。先に送るべき相手には、順序があとさきになったことへのお詫《わ》びを丁重に述べます。

とっておきの表現

- お贈りいただいた薫り高い極上の銘茶を味わいながら、このお礼状をしたためています。

好意を辞退する

はがき

前略

この度はご丁重なご挨拶の品をお送りくださり、心から御礼申し上げます。

ご厚志は有難く頂戴致しますが、お届け物につきましては、ご無礼ながら立場上ご辞退させていただきます。

何卒、今後かようなご配慮は無用にお願い致します。事情ご賢察の上、あしからず、ご了承のほどお願い申し上げます。

草々

冠省　お心づくしのお品拝受しました。いつもながらのお心配り、痛みいります。しかしながら、今後はこのようなお気遣いはなさらぬよう、お願い致します。お互いもっと気軽にお付き合いしましょう。

家内からも、奥様にくれぐれもよろしくと申しております。

右、取り急ぎ御礼まで。　不一

ワンポイント

送り主に対する感謝の気持ちを示した上で、授受についての自分の姿勢、または組織の規範について簡潔に伝え了解を得ますが、決して高圧的にならないように注意します。

言いかえのための表現

末文 今後はかようなご心配はなさらないよう、お願いいたします。

▼企業の場合

謹啓　時下益々ご清栄のこととお慶び申し上げます。

さて、この度は結構なお品をご恵贈①くださり、誠に有難うございました。平素のご高配②に加え、このようなご芳志③を賜り恐縮に存じます。何卒、今後とも変わらぬご高誼④をお願い申し上げます。

末筆ながら、貴社の一層のご繁栄を祈念し、書中を以て御礼申し上げます。

敬白

①恵贈（けいぞう）……相手が物を贈ることを敬っていう言葉。「ご～にあずかり」
②高配（こうはい）……相手が配慮することを敬っていう言葉。「ご～にあずかり」
③芳志（ほうし）……相手の親切心を敬っていう言葉。
④高誼（こうぎ）……相手との交誼（親しい交際）に対しての敬称。

はがき

拝啓　大暑の候、貴社益々ご隆盛のこととお慶び申し上げます。

平素は格別のご高配をいただき厚く御礼申し上げます。この度はご丁重なお中元の品をお贈りくださり、誠に有難く厚く御礼申し上げます。おかげさまで上期も大過なく推移し、当社の業績も順調に伸びております。これもひとえに、貴社のご指導ご協力の賜でございます。今後とも一層のご支援のほどお願い申し上げます。右、略儀ながら御礼とご挨拶に代えさせていただきます。

敬具

言いかえのための表現

前文
いつもながら過分のご配慮をいただき、感謝いたしております。
・毎々お心尽くしのお品をお届けくださり、恐縮に存じます。
・平素、何かと不行き届きもございますのに、ご配慮賜り心から御礼申し上げます。

はがき

拝啓　歳晩①の候、貴社益々ご隆昌のこととお慶び申し上げます。

さて、過日は誠に結構なお歳暮を頂戴し、衷心②より御礼申し上げます。日頃のお引き立てに加え、このようにお気遣いいただき、恐縮に存じております。何卒、明年も変わらぬご指導ご鞭撻③の程お願い申し上げます。

末筆ながら、貴社の更なるご繁栄を祈念し、寸楮④を以て御礼のご挨拶に代えさせていただきます。

敬具

①歳晩（さいばん）…年末、年の暮れのこと。

②衷心（ちゅうしん）…「心より」の強調で「真に心から」という意味。

③鞭撻（べんたつ）…「鞭《むち》」で「撻《う》」って罰し戒めたことから、強く戒め励ます意味に使われる。

④寸楮（すんちょ）…短い手紙の意味で、自分の手紙をへりくだっていう言葉。

・ご厚志有難く頂戴致しました。

・平素はこちらのほうがご指導をいただいておりますのに、かようにお心遣い賜り、申し訳なく存じます。

・日頃ご高誼をいただいております上に、重ねてこのようなご挨拶をいただき、誠に心苦しく存じております。

a heart expressed by unlimited tender

お世話になった「お礼」

▼就職を世話してもらって

前文

拝啓　寒さ厳しい折柄、ご多忙の日々をお過ごしのことと拝察致します。

主文

さて、過日は○○社への就職に関しお力添えいただきありがとうございました。本日、採用の通知が届きましたので、ご報告申し上げます。念願の会社への就職が○○様のおかげで決まりましたことに、心からお礼申し上げます。この上は、ご紹介者のお名前を汚さぬよう一所懸命に勤める所存ですので、今後ともご指導ご鞭撻くださいますよう、お願い申し上げます。

拝啓　過日は私の再就職にご助力いただき、本当にありがとうございました。面接では○○様のお話で盛り上がり、あらためましてご人徳の高さ、お顔の広さに感服いたしました。おかげさまで順調に話が進み、いよいよ来月から本採用の運びとなりました。これもひとえに○○様のお力添えのおかげと、心より感謝申し上げます。本来早速に伺ってご挨拶申し上げるべきところですが、取り急ぎ書中をもちましてご報告、御礼申し上げます。

敬具

ワンポイント

就職活動では、紹介者や推薦者がいることは大変な強みですから、形式的にならないよう、心を込めて感謝の気持ちを伝えたいものです。面接で紹介者の話が出たり、紹介が採用の決め手になった場合は、その点に触れるとよいでしょう。

末文

後日、ご連絡の上、ご挨拶に伺わせていただきますが、取り急ぎお礼とご報告を申し上げます。

敬具

女性文例

○○様

お元気にお過ごしでいらっしゃいますか。

取り急ぎご報告させていただきます。

かねて、ご紹介いただきました□□社に採用内定致しました。うれしさで胸がいっぱいです。憧れの会社の内定をいただいたのも、○○様のご紹介のおかげです。入社後は、必ずご期待にそえるよう努力しますので、どうぞ今後とも厳しいご指導をお願い致します。

あらためてごあいさつに伺いますが、まずは取り急ぎ、ご報告と心からのお礼を申し上げます。

かしこ

謹啓　陽春の候、ご健勝にお過ごしのこととお慶び申し上げます。

この度は、私の再就職にあたり一方ならぬお力添えを賜りまして、誠に有難く衷心より御礼申し上げます。

○○様のご推薦ということで、早々に採用のご連絡をいただき、○月には出社の運びです。今後は、ご推薦いただきました○○様のご期待を裏切ることなく、誠心誠意努力する覚悟でございますので、何とぞ今後とも一層のご鞭撻をお願い申し上げます。近々参上して、お礼のご挨拶を申し上げますが、まずは書中を以てご報告とお礼を申し上げます。

謹白

とっておきの表現

■叔父様のこれまでのお仕事ぶりが、今回の私の内定へとつながったこと、重く受け止め、ご迷惑をお掛けしないように頑張ります。

定年退職の通知

はがき

拝啓　中秋の候、皆様には益々ご清祥のこととおよろこび申し上げます。

さて私儀、○月○○日をもって、□□株式会社を定年退職致しました。顧みれば、入社以来三五年間大過なく勤務できましたのも、ひとえに皆様のご指導ご鞭撻の賜でございます。会社の発展にいかばかりの貢献ができたかわかりませんが、人生の大半をここに在職し、公私ともに皆様のご厚誼を賜りましたことを、心から感謝致しております。今後はしばらく充電期間をおき、新たな出発をもくろんでおります。何卒、変わらぬご芳情を賜りますようお願い申し上げます。

敬具

ワンポイント

人生の大半を過ごした会社を退職した感慨を、ひと言付け加えるだけで、深みのある挨拶状になります。

とっておきの表現

- 思えばこの三十年間、転勤の連続でしたが、各地でよい出会いを経験し、私の第二の人生の宝となりました。夫婦で皆さんにお会いする旅を計画中です。
- 会社とともに歩んだ年月の重さを、いただきましたお名刺を一枚一枚繰りながら実感いたしました。
- 多くの方に支えられここまで大過なく来られましたこと、私は恵まれていたと感謝の気持ちでいっぱいです。
- 電話の応対一つにおろおろしていた若かりし日を、今では懐かしく思い出します。皆さんに育てていただき、ここまで歩んで来られましたこと、望外の幸せと感謝申し上げます。

▼中途退職者から元上司へ

前略失礼いたします。

この度の私の退職に際しては、ひとかたならぬご配慮をいただき、有難うございました。ここに至るまでには、心揺らぐ日々もありましたが、結局わが人生と割り切って退職を決断した次第です。

○○部長の親身な慰留のお言葉の数々は、私の宝としていただいてまいります。今後のことがはっきり決まりましたら、一番に部長にお知らせしますので、どうぞ、変わらぬご高誼をお願い申し上げます。

まずは、取り急ぎ書中を以て御礼申し上げます。

草々

女性文例

街は、夏の装いに彩られてまいりました。渡辺課長には、相変わらずご多忙の日々をお過ごしのことと存じます。

このたび、私の退職に際し、たくさんのお気遣いをいただき、本当にありがとうございました。営業部配属以来わずか三年で、結婚退職することになり心苦しく思っております。短い間ながら、営業部でお客様相手の業務を担当したことは、今後の私の人生にきっと大きく役立つことと思っています。

渡辺課長のご健康と今後のご活躍を心からお祈りしております。末筆ながら、奥様にもどうぞよろしくお伝えくださいませ。

かしこ

言いかえのための表現

主文 素晴らしい職場に在籍し、未熟な私も少しは成長したかなと思っております。

・社会の厳しさを学ぶとともに、働くことの充実感を体得しました。

▼便宜を図ってもらって

拝復　取り急ぎご連絡申し上げます。
この度はご多用にも拘らず、□□病院○○教授への紹介の労をお取りいただき、ありがとうございました。おかげさまで来週早々にも教授の診察を受けられることになりました。この分野の権威である教授に診ていただけることは、まことに心強くかつ光栄なことでございます。後日、ご報告かたがたご挨拶に参上いたしますが、まずは書中をもって御礼申し上げます。

敬具

冠省
先日は、業務ご煩多[①]にも拘らず○○会社様へのお取り次ぎをいただきまして、誠に有難う存じました。おかげさまにて昨日、同社○○支社長様にご面会させていただき、お取引についての詳細かつ有意義なお話を伺うことができました。今後は、お取引いただけるよう鋭意努力する所存でございます。いずれ拝眉[②]の上ご挨拶申し上げますが、まずは取り急ぎ書中をもって御礼を申し上げます。

草々

①煩多（はんた）…わずらわしいほどに物事が多いこと。
②拝眉（はいび）…相手に会うことをへりくだっていう言葉。

ワンポイント
仲介の労をとってもらった場合は、まずその行為に対し、すみやかにお礼状を書きます。後日結果が出てから、その報告とお礼をかねた手紙を書こうと思っていると、時機を逸してしまいかねません。

▼家族がお世話になって

拝啓　晩夏の候、おすこやかにお過ごしのことと存じ上げます。

さて、過日は老母がひとかたならぬお世話になりまして、なんとお礼申し上げてよいやら、言葉もございません。高齢になりました母が外出するたび、気がかりではございましたが、外出先でお宅様にご面倒をおかけすることになるとは、家族として誠に申し訳なく思っております。ご親切にしていただきまして、母もことのほか喜んでおります。近々お礼のごあいさつにお邪魔いたしたく、まずは寸楮をもってお礼を申し上げます。

敬具

とっておきの表現

- 先日は息子が大変お世話になり、ありがとうございました。せっかくの家族旅行にお邪魔だったのではと案じております。
- 先日は一家でお邪魔し、お騒がせしました。急な訪問でしたのに、夕食までご馳走になり恐縮しております。
- 毎週末お宅に伺いお手合わせいただくのが、父にとりましては何よりの楽しみで、家族としては心より感謝申し上げております。

▼退院後、担当医へ

拝啓　新緑がひときわ美しい季節となりました。

さて、先の私の入院に際しては、大変お世話になりありがとうございました。

突然の入院ということでさすがに動揺いたしましたが、○○先生の説得力あるお言葉によって、療養に専念することができました。これほど短期間で退院できましたのも先生の卓越したご診療のおかげであり、心から感謝いたしております。これからは自己管理に努め、周囲にご迷惑をかけることのないよう、心がける所存です。

いずれ、あらためてごあいさつ申し上げますが、まずは取り急ぎ寸楮をもってお礼申し上げます。

敬具

女性文例

街道沿いの銀杏の葉が色づく季節になりました。さて、このたびの長男△△の入院の際には、まことにお世話になりまして、心から御礼申し上げます。

息子は、生まれて初めて家を離れ一人で入院する不安から、なにかとわがままを言って親を困らせておりましたが、○○先生のおやさしい中にも頼もしいお人柄にすっかりなついてしまい、素直に治療に励むようになりました。

先生には感謝の気持ちでいっぱいです。

次回の外来検診の際に、ご挨拶申し上げますが、取り急ぎ書中にて、心からの感謝を申し上げます。

かしこ

ワンポイント

入院時は、なにかと不安も多く、担当医や看護師に頼ることも多いと思います。入院生活を支えてくれたことへの感謝に退院後の近況報告を付け加えます。

▼退院後、看護師へ

女性文例

歳晩の候、皆様には日々ご多忙にお過ごしのことと拝察申し上げます。さて、父○○○○入院に際しましては、ひとかたならぬお世話になり、まことにありがとうございました。高齢ゆえ一時は希望を失いかけましたが、○○先生の的確なご処置と皆様の献身的な介護により、父の回復はめざましいものがございました。年内の退院を果たし、父は新年を家族とともに自宅で迎える喜びを噛みしめているようです。家族一同幾重にもお礼申し上げます。

皆様には何とぞご自愛くださいまして、良いお年をお迎えくださいませ。

かしこ

前略

娘○○の退院にあたり、ひと言御礼申し上げます。この度は、□□さんはじめ看護師の皆様に大変お世話になり、特に□□さんには、親身になって娘に接していただき、心から感謝いたしております。日々激務の中におられながら、いつも笑顔であたたかく娘を見守ってくださったことが、不安な入院生活を送る娘にとって、何にも増して励ましになっていたと思います。本当に、ありがとうございました。

右、取り急ぎご挨拶まで。

草々

とっておきの表現

- 入院中は皆さんの笑顔が何よりの薬でした。
- 不治の病の床にいる夫の看護は、辛く厳しいものでしたが、皆さんのあたたかい励ましにより、最後まで続けることができました。心から感謝申し上げます。

指導への「お礼」

▼合格・卒業をして

前文

拝啓　○○先生、お元気ですか。新学期に向けてなにかとお忙しいことと思います。

主文

在学中は、大変お世話になりありがとうございました。先生は厳しい中にも包容力のある方で、私たちの気持ちを理解してくださり、○年○組は在学中で最も楽しいクラスでした。しかも、先生の授業は、いつの間にか勉強のおもしろさを教えてくれました。第一希望の○○大学へ合格できたのも、先生のご指導のおかげと心より感謝しております。

ワンポイント

合格時には、担任や、塾の先生に口頭で直接報告をしますが、特にお世話になった先生へのお礼状は、在学中の心情などをまじえて、近況報告を書き送ります。

言いかえのための表現

前文

卒業式も終わり、ようやくほっとされていらっしゃる時かと思います。

・在学中は貴重なアドバイスの数々、本当にありがとうございました。

主文

入試に際しましては、親身になってご指導をいただき、親子ともに大変心強いことでした。

・先生、三年二組でお世話になりました矢部です。在学中はご心配いただきましたが、ようやく一年間の浪人生活に別れを告げ、この春から大学生になります。

末文

先生、いつまでも若々しくお元気でいらしてください。卒業の折、充分感謝の気持ちをお伝えできなかったので、今、あらためてお礼申し上げます。

敬具

拝啓　春暖の候、○○先生には益々ご多忙にお過ごしのことと思います。

△塾在籍中は、本当にお世話になりました。すでにご連絡したとおり、○○大学□□学部に入学を果たしました。先生が、私の入試対策を根本から見直してくださり、ユニークな授業で自信をつけてくださったおかげで、勝ち取れた合格だと感謝しています。期待どおりの充実した大学生活が始まった今、喜びを実感としてお伝えしたく、遅ればせながらここにお礼を申し上げます。

敬具

女性文例

満開の桜並木を通って、○○中学の入学式に行ってまいりました。保護者席から真新しい制服を着た息子をみつけ、その誇らしい横顔にこの数年の苦労がようやく報われた思いがいたしました。

先生には、受験がどういうものかもわからなかった私どもに、的確なアドバイスと懇切丁寧なご指導をいただき、心より感謝申し上げます。本日の入学式にあたり、大変お世話になりました先生にひと言お礼申し上げたく、筆をとりました。校長先生をはじめ諸先生方、事務の皆様にもくれぐれもよろしくお伝えください。

かしこ

とっておきの表現

- 面と向かっては照れて言えないありがとうを、こうして手紙に書いています。
- 高校生活で一番の収穫は、友達に恵まれたことと先生に出会えたことです。

先生の転任に際して

女性文例

拝啓　桜花の候、○○先生にはこのたび○○小学校へご転任の由、お名残惜しくひと言ご挨拶申し上げます。

二年間にわたり、ご担任いただきありがとうございました。子供の個性、自主性を上手に引き出してくださり、どの子に対しても分け隔てなくあたたかく接してくださったことが、保護者にとって何よりうれしいことでございました。

どうぞお体を大切に、新任校においてもますますご活躍のほど、祈念いたしております。

敬具

四月二日

辻本葉子

拝啓　春暖の候、○○先生には御転任と伺い、早速ペンをとりました。ＰＴＡの役員在任中はひとかたならぬお世話になり、まことにありがとう存じました。役員という慣れない仕事をする中で、先生のお人柄に幾度となく助けられましたこと、決して忘れません。新しい学校は生徒数もここの倍近いとか。どうかお体お大事にご活躍されますようお祈り申し上げております。

敬具

発表会を終えて

女性文例

秋の夕暮れは静かに過ぎていきます。さて、先日の○○音楽教室発表会の折には、娘が大変お世話になりありがとうございました。初舞台ということで、本人の緊張ぶりは相当なものでしたが、本番ではお教えいただいたとおり、のびやかに楽しく演奏できたのではないかと思います。発表会に向けて一所懸命練習したせいか、本人も少しだけ自信がついた様子です。フルタイムで仕事をしておりますので、なかなか先生にお目にかかれませんが、今後とも、どうぞよろしくご指導くださいますようお願い申し上げます。これから寒い季節になります。先生には、くれぐれもご自愛くださいませ。

かしこ

駅前のハナミズキの葉がすっかり落ち、冬に向かっています。先生にはその後いかがお過ごしでしょうか。

娘のバレエの発表会では、大変お世話になり、お礼の言葉もございません。また、会場の手配から当日の進行まで、行き届いたご采配に頭の下がる思いです。さぞやお疲れになったのではと、ご案じ申し上げております。

今後も、何とぞ宜しくご指導くださいますよう、お願い申し上げます。

敬具

とっておきの表現

- 先生のご指導あっての今日の結果と、夫婦で舞台を観ながら話しました。
- 小さな子供が一所懸命に演奏する姿に、感動すら覚えました。
- やんちゃ盛りの子供たちをあそこまで仕上げていただき、敬服しております。

▼資格取得の際に

拝啓　陽春の候、○○先生にはおすこやかにお過ごしのこととお慶び申し上げます。

この度のお免状取得にあたりましては、格段のご指導をいただき誠にありがとうございました。おかげさまで念願のお免状を頂戴することができ、心から感謝いたしております。

お茶の道は奥が深く、この先いくつもの段階を経なければなりません。お茶の心を会得するため、さらに稽古に精進いたしますので、何とぞ、今後も変わらぬご指導ご鞭撻をお願い申し上げます。

敬具

前略　取り急ぎご報告申し上げます。

この度、書写書道検定一級に合格致しました。書道歴の浅い私が、短期間のお稽古で検定に合格できたのは、ひとえに○○先生に厳しくご指導をいただいた成果でございます。仕事にかこつけ、ともすれば、お稽古を休みがちの私を叱咤激励し、懇切丁寧にお教えくださいまして、本当にありがとうございました。今後とも、どうぞよろしくお願い申し上げます。

草々

ワンポイント

茶道・華道・書道など伝統的な習い事の免状や資格取得、展覧会出品には師匠の力添えが必要です。お礼状には、指導への感謝とともにさらなる向上をこころざすことを述べます。上の例では「お免状」のところに、免状の名前を入れてもよいでしょう。

▼受賞した際に

拝啓　寒さ厳しき折、先生にはお変わりもなくお過ごしのことと拝察申し上げます。

この度、はからずも○○絵画展において優秀賞をいただきましたが、これはひとえに先生のご指導ならびにお引き立てのおかげと、深く御礼申し上げます。力不足の私が多くの先輩諸氏をさしおき受賞の栄に浴しましたことは、うれしさと同時に気の引き締まる思いでございます。今後は、この賞に恥じぬよう刻苦勉励いたしますので、何とぞ、倍旧のご鞭撻をお願い申し上げます。

いずれ拝眉の折ご挨拶申し上げますが、右、取り急ぎ書中をもって御礼申し上げます。

敬具

日一日と、暖かさが増してまいりました。○○先生にはことのほかおすこやかにお過ごしのこととお慶び申し上げます。この度の、○○賞受賞につきましては、ひとかたならぬご指導をいただき誠にありがとうございました。私がこのような立派な賞をいただけましたのも、先生の厳しいご指導のおかげです。展覧会場に、先輩方のすばらしい作品とともに自分のつたない作品が掲げられ、気恥ずかしさと誇らしさが入りまじり、複雑な心境です。この上は、さらに研鑽を積み、ご恩に報いたいと思います。何とぞ、今後も変わらぬご指導ご鞭撻をお願い申し上げます。

敬具

言いかえのための表現

主文

・いまだ若輩の私でございますが、社中の名を汚すことのないよう一意専心に努力いたします。
・思いがけず賞をいただき、うれしさに舞い上がっております。

招待ともてなしの「お礼」

▼結婚式に招待されて

はがき　女性文例

拝復　余寒のみぎり、ご家族皆様ご健勝にお過ごしのご様子、お慶び申し上げます。

さて、このたびはお嬢様ご結婚の由、まことにおめでとうございます。私どもまでご披露宴にお招きいただき、大変うれしく存じます。お嬢様のお幸せを心からお祝い申し上げますとともに、謹んでご招待をお受けし、主人とともに出席させていただきます。

敬具

ワンポイント

結婚式の案内状は、はがきで返信するようになっていますが、出欠に印をするだけでは味気ないものがあります。手紙を添えるか、はがきの余白にひと言書き添えたいものです。

言いかえのための表現

主文 ご子息のご結婚をお祝いし、夫婦そろって喜んで出席させていただきます。

・おめでとうございます。○○ちゃんの花嫁姿を楽しみに当日お伺いいたします。

・いつもどろんこで悪戯だった○○君がご結婚されると聞き、感慨ひとしおです。

・可憐な花嫁と立派な花婿と、うちしおれた花嫁の父を拝見するのを楽しみに伺います。

招待状をいただいて

拝啓　今年も押し詰まって参りました。日頃は何かとお世話になり、まことにありがとうございます。

さて、この度○○○○のご招待状を頂戴いたしました。喜んで出席させていただきます。どうぞよろしくお願い申し上げます。幹事の方には、ご手配等々ご苦労が多いかと存じます。当日、何かお手伝いできることがございましたら、ご遠慮なくお申しつけください。

ひさびさに皆様方と親しくお会いできる機会を得まして、今から心待ちにいたしております。

敬具

拝復　お元気にお過ごしのご様子、何よりでございます。

さてこのたびは、お宅へお招きいただきありがとうございます。子供達も一緒にとのお言葉に甘え、一家でお邪魔させていただきたく存じます。大人数で押し掛けますので、どうかあまりお気遣いのないように願います。

では、当日お会いできるのを楽しみに致しております。

敬具

言いかえのための表現

主文　この度は同窓会の通知をお送りいただき、懐かしさに胸がいっぱいになりました。

末文　思いがけずご招待をいただき、光栄に存じます。

・私ごとき若輩者にまでかように立派なご招待状をいただき、光栄に存じます。

▼会社関係者にもてなされて

はがき

拝啓　若葉が目に鮮やかな季節となりました。
さて、過日の私の出張に際しては、なにかとご配慮をいただき誠にありがとうございました。訪問先へのお取り次ぎに加え、快適な宿をご紹介くださり、厚く御礼申し上げます。おかげさまで業務の方も順調に運び、今後の展開が期待できそうです。ご多用の中、細やかにご手配くださいましたこと、衷心より感謝申し上げます。
別便にて、心ばかりの品お送り申し上げましたので、ご笑納ください。まずは取り急ぎお礼まで。

敬具

前略　昨日は、お宅へお招きにあずかり、誠にありがとうございました。日頃のご指導に加えてこのようにお心配りいただき、恐縮に存じております。すばらしいご邸宅で奥様のお心尽くしのお手料理の数々、お言葉に甘えてついつい長居しご無礼いたしました。奥様もさぞお疲れになられたことと存じます。くれぐれもよろしくお伝えくださいますよう、お願い申し上げます。

草々

言いかえのための表現

主文
御地への出張では、心温まる方々との交流が、いつしか私の楽しみにもなっております。
・貴地でのプロジェクトは、お手伝いいただいたおかげで順調に計画が進んでおります。
・出張のたびに、支店の方々にいろいろとお世話をかけ、申し訳なく思っております。

▼旅行先でもてなされて

はがき 女性文例

一筆申し上げます。
○○さん、私のアメリカ旅行の折は大変お世話になりました。不慣れな上に会話も自由でない私が、ツアーでは実現できない素顔のアメリカを楽しみ、滞在型旅行の醍醐味を味わえたのも、在住のあなたのおかげです。特にNYダウンタウンの散策は刺激的でした。是非もう一度旅行したいと思っております。そちらもこれから急に寒くなることでしょうね。どうぞお体に気をつけて。本当にありがとうございました。

かしこ

前略　過日の旅行の折はひとかたならぬお世話になり、お礼の申し上げようもありません。突然お寄りしたにもかかわらず、ご親切に泊めてくださり、かつ大変なご馳走にあずかりました。皆様と楽しく一夜を語り明かし、久々になにか肩の力が抜けたように思います。ご厚意に甘えあつかましくご厄介になりましたことを、お詫びいたしますとともに、書中をもって心より御礼申し上げます。

草々

とっておきの表現

- 自分からお誘いしておきながら、結局いつもしっかり者のあなたに頼ってしまいます。きっとお疲れになったことでしょう。
- 末筆ながら、お留守番をなさったご主人様にくれぐれもよろしくお伝えくださいませ。

見舞いの「お礼」

▼退院・快気の報告

はがき

前略　先の私の入院に際しては、お見舞いをいただき大変ありがとうございました。日頃の不摂生がこのような形で現れるとは、まさに因果応報とでも申しましょうか。幸いにも、短期間で退院できましたので、これからは自重し、皆様にご迷惑をかけることのないよう気を付けます。いずれ、あらためてご挨拶申し上げますが、まずは取り急ぎ寸楮をもって御礼申し上げます。

草々

前略　この度はご丁寧にお見舞いのお手紙をくださり、ありがとうございます。このところ、少々過労気味でしたので、休暇を取って自宅で静養しております。大事ございませんので、他事ながらご休心ください。回復いたしましたら、またお会いしましょう。まずは取り急ぎ書中にてお礼まで。

草々

ワンポイント　心配をかけたり、会社を休むなど周囲の人に迷惑をかけた場合は、お詫びの言葉も添えます。療養継続の場合、復帰への意欲を示すことも大切です。

言いかえのための表現

主文　今後はご忠告を肝に銘じ、健康第一に努めます。

▼お礼と療養継続の報告

拝啓　猛暑のみぎり、お変わりなくお過ごしのことと存じます。過日は、遠路わざわざお見舞いにおいでくださいまして、誠にありがとうございました。せっかくお越しくださいましたのに、面会謝絶中で大変失礼いたしました。いまだ、顕著に快方とは申せませんが、ベッドに起きあがることができるようになりましたので、家人に助けられながらこの手紙をしたためております。

今しばらく、入院加療を要するようでございますので、お目にかかれるのは少々先になろうかと思います。まずは、書中をもってお礼のご挨拶とさせていただきます。

敬具

拝啓　晩秋の候、お変わりなくお過ごしのことと存じます。

このたびは、私の入院加療に対し、過分なお見舞いをお送りいただきまして、誠にありがとうございました。おかげさまで、順調に回復いたしておりますので、退院の日もそう遠くないと思います。

お心遣いに感謝し、取り急ぎ書中にてお礼を申し上げます。

敬具

主文

業務に穴をあけてしまい、皆様にご迷惑をおかけしました。

・私の代わりに○○業務をこなしてくださったそうで、心から感謝いたします。

・こういうときは、夫と子供たちのやさしさが病気療養の支えになります。

・妻のありがたさが、身に染みた次第です。

新築・転居の際の「お礼」

▼新築祝いをいただいて

前文

拝啓　風さわやかな季節となりました。お元気にお過ごしのことと存じます。

主文

さて、このたび拙宅を新築いたしましたところ、過分にお祝いをいただきまして厚く御礼申し上げます。

ささやかな住居でご披露するのもお恥ずかしいのですが、緑豊かな環境には恵まれておりますので、借景をお見せいたしたく存じます。ご都合のよろしい時に、ぜひご一家おそろいでお運びくださいますよう、お待ち申し上げております。

ワンポイント

いただいたお祝い品の使い方や、ご祝儀で何を買うかなど、具体的なことが決まっていたら、書き添えたほうが喜びが伝わります。

言いかえのための表現

主文

このたびの私どもの転居にあたりましては、お心尽くしのお祝いの品をいただきありがとうございました。

・かねて建築しておりました拙宅の完成に際し、さっそくお祝いにお越しくださり、本当にありがとうございました。

・新居というには、いささか手狭なマンションですが、どうぞ遊びにいらしてください。

・片付きましたらささやかな祝いの席を設けますので、どうぞお運びくださいませ。

末文

まずは、取り急ぎ書中をもって御礼のご挨拶まで。

敬具

後付け

五月十日

佐藤和夫

山本一郎様

はがき

過日は、我が家の新築にあたり、すてきな絵をお贈りくださいましてありがとうございました。さっそくリビングに飾らせていただきましたが、部屋が見違えるように引き立ち、さすがは○○さんのお見立てと感心することしきりでございます。お心遣い本当にありがたく、まずは書中をもってお礼を申し上げます。

敬具

女性文例

昨日の雨で、木々の緑がいっそう鮮やかになりました。さて、先日は結構なお祝いを頂戴し、ありがとうございました。お祝いは何が良いかとおっしゃっていただいたので、観葉植物と申しましたが、こんな立派な鉢が届くとは。さっそく我が家の玄関で、お客様を迎えてくれています。
お忙しいこととは存じますが、是非一度遊びにいらしてください。お待ちしています。

かしこ

とっておきの表現

- 一向に片付かない引っ越し荷物の段ボール箱を横目に、いただいたすてきな花瓶をどこに置こうかと考えています。
- いただいたお祝いの美酒と目の前の借景を酒の肴に、引っ越し祝いの小宴を催したく存じます。

引っ越しを手伝ってもらって

はがき

冠省　過日は引っ越しのお手伝い、まことにありがとうございました。独り身とはいえ、長年の家財道具はひとたび運び出してみれば、こんなにあったかと呆然としてしまい、とても一人の手に負えるものではありませんでした。おかげで速やかに引っ越しが完了し、なんとお礼申してよいやら、感謝感激です。近々お礼に一席設けますので、その節は是非お繰り合わせのほどを。まずは衷心より御礼申し上げます。

不一

女性文例

先日はお忙しいところ、私たちの引っ越しのお手伝いをしていただき、ありがとうございました。細かな道具類の収納まで手伝ってくださり、本当に感謝しています。ご覧のようなささやかな住まいですが、落ち着きましたら、あらためてご連絡しますので、遊びにいらしてください。

まずは取り急ぎお礼まで。

かしこ

「交誼」と「厚誼」の違い

「誼」という字は「よしみ、親しい付き合い」という意味があります。「交誼」は「交際のよしみ」という意味で、「交誼を結ぶ」などとも使います。「厚誼」は「なみなみならぬよしみ」という意味で、「ご厚誼を感謝し…」などと使い、「交誼」よりも強調したいときに使います。

▼長年お世話になった方々へ

はがき

拝啓　一段と風の冷たい今日この頃です。この地に居を構えてはや○○年経ちましたが、このたび○○の都合により□□へ転居することとなりました。長きにわたり皆さまには、親身のお付き合いをいただき、感謝の言葉をどう表現したらよいかわかりません。転居の日が近づくにつれ、寂しさが増してまいりますが、いつかまたお会いできる日もあろうかと存じます。積年のご厚誼に深く御礼申し上げ、まずは転居のご連絡かたがたご挨拶まで。

敬具

はがき　女性文例

このたび、主人の勤めの関係で○○へ転居いたしました。
急なことで、これまで親しくしていただいた皆さまへのご挨拶もままならず、ご無礼をお詫び申し上げます。
これまでのご交誼に感謝し、遅ればせながらここにお礼とお別れのご挨拶を申し上げます。

かしこ

言いかえのための表現

主文

物心ついて以来のお付き合いの皆さんに、お別れのご挨拶をしなければならないことは、とてもつらいことです。

・引っ越しをする段になって、この街の皆さんの温かさと、心やさしさがしみじみわかりました。

・第二の故郷であったこの土地で、皆さまからいただいたご厚情を、宝物として鞄につめていきます。

お祝いへの「お礼」

▼出産祝いをいただいて

女性文例

前文

庭の梅が咲き始めました。叔父様にはおすこやかにお過ごしのことと存じます。

主文

この度はすてきなお祝いをお届けくださいまして、本当にありがとうございました。おかげさまで、子供はとても元気ですし、私も順調に回復いたしておりますので、どうぞご休心ください。これからは主人にも育児に協力してもらって、二人でこの子の成長を見守っていきたいと思っております。今後ともよろしくご指導くださいますよう、お願い申し上げます。

ワンポイント

品選びのセンスや心遣いについて、具体的な表現を使って感想とお礼を述べましょう。

言いかえのための表現

主文

初めてのお産はとても大変でしたが、苦しんだ分だけ生まれた子供をいとおしく思います。

・いただいたお祝いでこの子のために可愛らしい服を買わせていただきます。

・いただいた産着を着せたわが子は、新生児室のなかで一番可愛く眠っていました。これは、早くも親ばかというものでしょうか。

・いただいたぬいぐるみは枕元においてあります。小首を傾げた様子が可愛らしく、娘と一緒に遊ぶ日を心待ちにしているかのようです。

末文

別便にて心ばかりの内祝いをお送りいたしましたので、お納めくださいませ。

かしこ

はがき

前略　早速に出産祝いをお贈りくださり、ありがとうございました。妻は、いわゆる高齢出産ゆえご心配をおかけいたしましたが、比較的楽なお産だったようです。産後も母子ともに順調でほっとしております。私はといえば、この手にわが息子を抱いて、やっと父親の実感が湧いてきたというのが本音です。今後とも、新米の父親、母親、そしてわが家の新人をよろしくお願い申し上げます。まずは、取り急ぎお礼まで。

草々

女性文例

いちだんと寒さが厳しくなってまいりました。ご一家皆々様には、お変わりなくお過ごしのこととお慶び申し上げます。このたびは、過分のお祝いをありがとうございました。自宅で親子三人の生活がはじまり、初心者マークの二親は、てんてこまいしております。お食い初めのときの写真をお送りしますので、どうぞご笑覧くださいませ。時節柄、皆様ご自愛くださいますよう祈念申し上げ、取り急ぎお礼のご挨拶に代えさせていただきます。

かしこ

とっておきの表現

- なり立ての父親は、生まれたばかりの赤ん坊に、もう嫁に行くなと言っています。
- 赤ん坊の抱き方はむずかしいと、照れ笑いする夫に幸せを感じています。

初節句祝いをいただいて

女性文例

お父様、お母様、ご無沙汰いたしまして申し訳なく思っておりましたところ、今日、すばらしい雛飾りが届きました。末永く大切にいたします。○○子は、初めて見るりっぱな段飾りに、興味津々のようです。本当にありがとうございました。時節柄、どうぞお二人ともご自愛なさって、おすこやかにお過ごしくださいませ。取り急ぎお礼のみにて。

かしこ

前略　初節句にあたり、過分のお祝いをありがとうございました。早速、○○にそっくりな、武者人形を買わせていただきました。日一日と○○の成長はめざましく、わんぱくぶりもエスカレートしております。どうぞ、顔を見にいらしてください。楽しみにお待ちしております。

草々

初節句祝い

初節句は、子供のすこやかな成長と厄除けを願う行事です。お雛《ひな》さまや武者人形は、赤ちゃんに降りかかる災厄や魔物を除けてくれる守り神のようなものです。そこで赤ちゃんがすこやかに育って欲しいという願いを込めて、主に赤ちゃんの祖父母や親戚、仲人が贈ってくれます。

七五三祝いをいただいて

女性文例

お母さんのお見立ての、かわいらしいお着物が届きました。ありがとうございます。

七五三詣りには髪も結い上げてやり、この着物を着せて記念写真を撮るつもりです。当日の写真スタジオでは、うちの子が一番かわいいに違いないと今から二人で親ばかの会話をしています。できあがり次第お送りしますので、楽しみにお待ちください。

まずは、書中にてお礼申し上げます。

かしこ

十月三十日

愛子

とっておきの表現

- 高価なお品をお選びくださり、毎年飾る楽しみが増えました。
- 武者人形の勇ましさが伝わったとみえて、息子は急に強くなったような仕草をします。是非若武者に会いに来てください。
- 娘は五人囃子《ばやし》の姿が気に入ったようで、ゆびを指してなにやら言っております。
- 貸衣装ですが、息子の紋付き袴姿を見てやってください。本人は、なんと刀を最後まで欲しがってなかなか離しませんでした。
- 姉弟そろって元気に七五三を迎え、子供たちは大はしゃぎでしたが、親は支度が大変です。
- 片時もじっとしていない、わが家の若殿様にはまいりました。
- 長女のお下がりの着物ですが、本人はご満悦の様子で写真におさまっています。

入学・合格祝いをいただいて

女性文例

今を盛りと桜が咲き誇る今日この頃です。
お父様、お母様、先日は、○○子新入学のお祝いをありがとうございました。本人の希望でちょっと変わったデザインのランドセルを買わせていただきました。
今日、入学式の写真ができましたので、早速お送りします。○○子の得意げな顔をごらんくださいませ。

かしこ

拝啓　春寒の候、ご健勝のこととお慶び申し上げます。さて、長男○○の私立□□中学合格に際して、過分なお祝いありがとう存じます。本人なりに頑張った上の合格なので、うれしさもひとしおのようでございます。本人からもお礼の手紙をお送りするかと存じますが、まずは寸楮をもって御礼申し上げます。

敬具

言いかえのための表現

主文 このあいだまでよちよち歩きだった子が小学校ですから、月日の経つのは早いものです。

・いただいたランドセルはぴかぴかで、あの子の今の気分と同じです。

・いただきましたお祝いで、健太ははやりのスニーカーを買うのだそうです。

賀寿の祝いをいただいて

謹啓　秋冷の候、お変わりなくお過ごしのこととお慶び申し上げます。さて、私ことこのたび還暦を迎えましたところ、ご丁重なお祝いをお贈りくださり誠に恐縮に存じております。数え年六十一歳、本卦還り①のいわれのとおり、生まれた歳の干支に還りましたので、気持ちを新たにして人生を楽しみたいと思っております。どうぞ今後ともよろしくお付き合いの程、お願い申し上げます。いずれあらためてご挨拶申し上げますが、まずは、寸楮をもって御礼申し上げます。

敬具

①本卦還り（ほんけがえり）…生まれた年の干支（えと）と同じ干支が再び巡ってくること。ただしこの場合の干支は、十二支と十干を組み合わせた六十種類ある内の一つ。

言いかえのための表現

主文 これまでは、若い方に負けじと頑張ってきましたが、これからは肩の力を抜いて少しのんびりしたいと考えております。

・「人生七〇古来稀なり」はひと昔前のこと、今や古希は実年だそうで、私ももうひと頑張りせねばと思っております。

女性文例

このたび、父○○が米寿を迎えるにあたり、大変すばらしいお祝いの花をお贈りくださり、ありがとうございました。父に代わりまして深く御礼申し上げます。耳が少し遠くなったことを除いて、父はすこぶる元気でございまして、頂戴いたしましたお花を毎日眺めては楽しんでおります。どうぞ、時にはお立ち寄りくださいまして、お顔をお見せいただきたく、父ともどもお待ち申し上げます。

かしこ

▼就任・昇進祝いをいただいて

はがき

拝啓　陽春の候、ますます御健勝のこととお慶び申し上げます。

さて、この度、私の○○就任にあたりましては、丁重なお祝いを賜り衷心より御礼申し上げます。

この上は皆様のご期待に沿うよう研鑽を重ねる所存でございますので、前任者同様ご指導ご鞭撻のほど切にお願い申し上げます。

まずは略儀ながら、書中をもって御礼のご挨拶を申し上げます。

敬具

拝啓　時下ますますご清栄のことと存じます。この度私の○○就任に際し、皆様には温かいお励ましとお心遣いをいただき、誠に心強く感謝の気持ちでいっぱいです。新たなポジションで、力を発揮できることはこの上もない幸せです。責任の重さは痛感いたしますが、意欲をもってことにあたりたいと思っております。何卒ご指導ご支援をお願い申し上げます。

敬具

言いかえのための表現

主文 このようにお励ましをいただきましたからには、ご期待に沿うよう全力を傾注いたします。

・浅学非才の身ではございますが、重責を担うべく努力致します。

・大任に身の引き締まる思いですが、皆さまのご支援ご協力に励まされ専心努力する覚悟です。

・身を砕いて社業に専念いたします。

開業祝いをいただいて

はがき

拝啓
この度、念願の店を開業いたしましたところ、お店が華やぐような調度品をお贈りくださり、本当に感謝いたしております。おかげさまで、売り上げも順調に推移いたしておりまして、まずは胸をなでおろしております。これも、皆様方のお力添えによるものと、日々心に銘じております。今後とも、どうぞよろしくお引き立てのほど、お願い申し上げます。
右、書中を以て御礼申し上げます。
敬具

女性文例

風薫る季節となりました。このたび私の独立開業にあたり、思いがけなく心温まる激励のお手紙と過分のご祝儀をお贈りくださいまして、感激の至りでございます。古巣の○○○○において、学んでまいりましたことを基盤に、長年温めてきた夢を具体化できたことはこの上ない喜びです。お励ましとご助言を心に刻み精進いたしますので、今後も何卒ご意見、ご指導をいただきたく存じます。取り急ぎ心からの感謝をお伝えいたしたく、書中にて御礼申し上げます。

かしこ

言いかえのための表現

主文
順風満帆を願い、知恵の限りをはたいて精進します。
・わが店のご意見番として、今後も厳しいお小言とたまには優しいお励ましをくださいませ。

励まし・気遣いへの「お礼」

▼悩み相談への助言をいただいて

女性文例

前文

過日は、いろいろと相談にのってくださり、ありがとうございました。

主文

時間の経過とともに、見えなかったものが少しずつ見えてきたような気がいたします。思い悩んでいるときは、るつぼにはまるようにじたばたしてしまうものなのですね。ご助言を思い返していくうちに、つくづく自分のふがいなさが見えてきて気恥ずかしい思いがいたしました。おかげさまで気持ちの整理ができ、新鮮な気分で再出発できそうです。

ワンポイント

まずは聞いてもらったことへの感謝を伝えます。具体的に解決していない場合は、「出口が見えてきた」というような表現で、前向きであることを伝えます。

言いかえのための表現

主文 思い切って悩みを聞いていただいて本当によかったと思っています。

・専門的な情報を教えていただいたおかげで、決断できたことをありがたく思っています。

・おかげさまで、あれから冷静に今の状況を考えられるようになりました。

・私の性格を知った上での的確なアドバイスは、さすが先輩です。一生忘れません。心から感謝いたします。

末文

まずは心からのお礼を申し上げます。

かしこ

後付け

四月三日

佐藤圭子

田中和雄様

拝啓　時下ますますご清祥のことと存じ上げます。さて、私の転職に関しまして、親身のご助言と励ましをいただき感謝しています。おかげで心が定まり、新しい道に向かって一歩を踏み出す決心がつきました。当然、種々の困難はあろうかと思いますが、いただいたアドバイスを肝に銘じながら、私らしく生きてみようと思います。本当にありがとうございました。とりあえず、書中をもってご報告と御礼を申し上げます。

敬具

前略　先日はお忙しいところ、僕のために時間を割いてくださりありがとうございました。自分の人生なのに、一人で決断もできない僕を歯痒く思われたことでしょう。正直なところ、いまだに迷っておりますが、大きく変わったことは、つまらないことにとらわれている自分に気がついたことです。○○さんには物事の芯をみつめることを教えていただき感謝しています。悠長なことですが、もう少し時間をかけてみようと思います。まずは、お礼かたがたご報告まで。

草々

とっておきの表現

■相談にのっていただいているうちに、いつしか心が穏やかになっていく自分に気が付きました。

■決断ができずにいる私を喝破してくださり、目が覚めました。

▼留学に際し励ましをいただいて

はがき

拝啓　日本の気候はいかがでしょうか。

当地は過ごしやすい日々が続いており、到着してから日の浅い私にとってはよろこばしい限りです。今は勉強に追われるばかりですが、学生生活はなかなか快適で友人もできそうです。留学に際しては、頼もしいアドバイスと励ましの言葉をいただき、心から感謝申し上げます。徐々に生活を楽しむ余裕も出てくると思いますので、他事ながらご安心ください。

まずはお礼と近況報告まで。

敬具

女性文例

私の留学にあたっては、いろいろと励ましてくださり本当にありがとうございました。不安が留学の決意を鈍らせそうになったとき、いただいたお言葉の数々がどんなにパワーを与えてくださったことでしょう。今は、のびのびと学生生活を楽しみながら勉強に励んでおります。所期の目的を忘れず頑張りますので、どうぞ見守っていてください。

では、お体に気をつけて。また、お便りさせていただきます。

かしこ

留学先から出す礼状

礼状は、封書で書くべきですが、海外から届く絵はがきはよいものです。特に、あまり知られていない風景や、建築物、留学先の街の風景などに近況を添えてもらうとうれしいものです。ただし、絵はがきは文を書くところが狭いので、下書きして文字の配置を決めたほうが、きれいに仕上がります。

お餞別(せんべつ)をいただいて

はがき

拝啓　仲春の候、皆様ご健勝にお過ごしのこととお慶び申し上げます。

さて、今般、私の転出に際し、過分のお心遣いをいただきありがとうございました。思い返せば○年、皆様には公私ともにご高誼をいただき心から感謝いたしております。

当地に着任早々業務に追われ、ご挨拶が遅れましたことを深くお詫びし、厚く御礼申し上げます。

敬具

とっておきの表現

- 思いがけずこのようにお餞別のご配慮までいただき、恐縮しています。
- 皆様からあたたかいはなむけをいただき、新任地で頑張る元気が出ました。
- 過分なお餞別とともに、みなさんのあたたかいお心もいただいてまいります。

ミニ知識

■重ね言葉にご用心

ここでは、かなりの人が無意識に使っている重ね言葉の数々をご紹介しましょう。「馬から落ちて落馬して」というのは有名ですが、次に掲げた中のいくつかは市民権を得てしまったかのように、あちらこちらに出現しています。しかしながらこうしてみると、たしかに滑稽であることがわかります。会話ならばその場限りのことですが、手紙は後々まで残りますので気を付けましょう。

×		○
一番最初	→	一番初め
いまだ未到達	→	未到達
足で蹴る	→	蹴る
かねてから	→	かねて
古来から	→	古来
まだ時期尚早	→	時期尚早
尽力を尽くす	→	尽力する

×		○
伝言を伝える	→	伝言する
およそ数十万円	→	数十万円
上に上げる	→	上げる
留守を守る	→	留守を預かる
従来より	→	従来
毎週ごとに	→	毎週
被害を被る	→	被害にあう
ただ今の現状	→	現状
昨夜来の大雨	→	夜来の大雨
今まで前例がない	→	前例がない
成功裏のうちに	→	成功裏に

Part3

お祝いの手紙

実例で解説する

お祝いの手紙書き方のコツ

人生には多くの祝い事がありますので、「お祝いの手紙」は比較的書く機会の多い手紙のひとつです。その目的は、相手の祝い事をともに祝福することです。お祝いにふさわしい言葉を選んで書きます。

前文

拝啓　都会の紅葉もなかなかの風情になりました。

このたびは、ご結婚おめでとうございます。お知らせ嬉しく拝見しました。

主文

ご婚約中の、仲睦まじいご様子はお見かけしていましたが、お二人の新しい生活がはじまり、日々お幸せにお暮らしのことと思います。

お二人ともにご趣味も広く、スポーツも万能と伺いました。お似合いのご夫婦で、ご両家の親御さんもさぞかしお慶びでしょう。

わが家も近いことですし、どうぞ気軽にお立ち寄りく

●前文

「頭語」、「時候の挨拶」に続いてすぐに「このたびは○○、おめでとうございます」「○○をされたとのこと、心からお祝い申し上げます」などと祝福の言葉を贈ると、慶びの気持ちがよく伝わります。

●主文

主文では、いかにおめでたいかを書いてもり立てます。お祝いの雰囲気を損ねないために、忌み言葉ややみな表現を使わないよう配慮します。

努力して勝ち得た喜びなど、お祝いに至るまでの経緯を知っているときは、そこにも触れて敬意を表します。

ださい。お茶でもご一緒いたしましょう。楽しみにお待ちしております。

末文

今後のお二人のご多幸を心からお祈りし、まずは、書中にてお祝いを申し上げます。なお、お祝いのしるしにペアのマグカップをお送りしましたので、普段用にお使いいただければ幸いです。

敬具

平成○○年○月○日

松野いつ子

後付け

藤本信也様
香織様

慣用句ばかりを並べてお祝いの手紙を書くと、おざなりな感じになりますので、「とっておきの表現」などで心の伝わる文章を工夫しましょう。

●末文

最後に相手の「今後」「未来」の幸福を祈る挨拶を付け加えます。

お祝いに伴い、贈り物をするときは、これを伝えるのが手紙のもう一つの大きな目的となりますから、主文の中かあるいは末文に「つきましてはお祝いのしるしに○○をお送りし…」「なお、心ばかりのお祝いの品を…」などと書き添えます。

●後付け

上の例のように夫婦を連名で書く場合は、名字は一方だけでもよいですが、名前は改行して並べて書き、敬称は両方につけます。

結婚の「お祝い」

▼女性の結婚を祝う

はがき　女性文例

ベランダのパンジーが春風に揺れています。

この度は、お嬢様のご婚約整われ華燭[1]の典を挙げられる由、誠におめでとうございます。

掌中の珠として慈しみ育てられたお嬢様、ご主人様のお気持ちやいかばかりとお察し申し上げますが、申し分のないご縁とのこと、心からお慶び申し上げます。

お美しい花嫁姿にお目にかかれる日を楽しみに、まずは書中をもってお祝いを申し上げます。

かしこ

①華燭の典（かしょくのてん）…結婚式の美称。

ワンポイント
まずはお祝いの気持ちを率直に述べます。本人に送る場合、両親と懇意であれば両親の想いなどにも触れるとよりあたたかい手紙になります。

言いかえのための表現
- 新緑の間を吹き抜ける風が慶びを運んできてくれました。
- ○○ちゃん、おめでとう。幸せいっぱいのお手紙を拝見し、私の心も喜びでいっぱいです。

女性文例

桜の便りとともにうれしいお知らせをいただきました。

ご結婚おめでとう。わがことのように喜んでいます。よき伴侶に巡り合われたのですね。あなたが選んだ方ですから、きっと包容力があって頼もしい人に違いありません。お二人のお幸せを心から願っております。

かしこ

▼男性の結婚を祝う

はがき

前略
昨日本社の部長がいらして、○○君のこと聞きました。結婚おめでとう。慎重な君が、いよいよ決心したんだね。聞き及ぶところでは、お相手は仕事もばりばりこなす女性とか。すばらしいパートナーと巡り合えて、本当によかった。
式を楽しみにしています。まずは、書中にて乾杯。
草々

言いかえのための表現

前文 ○○君、ご結婚おめでとう。お知らせの手紙に、妻とともに歓喜しました。

・ご結婚おめでとう。はがきの君たちは幸せそうで、こちらまでハッピーな気分になりました。

主文 とうとう君も所帯持ちか。一大決心した君に、友として、先輩として言わせていただくが、結婚はいいものだよ。

・スナップ拝見しました。美しい花嫁ですね。君の表情に幸せぶりがにじみ出ています。

・結婚なんてといっていた君が、身を固める決心をしたのだから、お相手の女性によほど強く惹かれたのでしょう。

・お二人の晴れ姿にお目にかかれる日が今から楽しみです。

・手紙でこれほどのろけられては、式当日は相当あてられるんだろうな。覚悟して参上します。

▼再婚を祝う

昼の暑さが嘘のように心地よい風が吹いています。本日お父様から、長らく亡き夫人の想い出とともに暮らしてこられた君が、再婚を決意されたと聞き、驚きと安堵の気持ちで胸がいっぱいになりました。

○○君、おめでとう。心から結婚を祝します。熟慮の末に君が選んだ人は、これからの君の人生にかけがえのない存在となるでしょう。お二人の前途が末永くお幸せであることを祈ります。

そして、もう一度おめでとう。

敬具

女性文例

○○さん、ご結婚おめでとうございます。もうこりごりと言ってらしたあなたが再婚を決意されたのは、お相手が新しい人生の伴侶として最高の人だということですね。友人として、あなたが新たな幸せに包まれる日を密かに待っていたので、本当にうれしく思います。近々、乾杯しましょう。まずは書中にてお祝いまで。

かしこ

言いかえのための表現

主文

お子さま方に祝福されての決心と聞き、なおのことうれしく存じます。

・○○ちゃんの新しいお母さんとしてもふさわしい、素敵な方だと感じました。お二人の、そして新しい家族の末永いお幸せを、心からお祈りしています。本当におめでとう。

▼お祝いを添えて

女性文例

前略　○子さんには、ご婚約整い、明年一月には挙式されるとのこと、本当におめでとうございます。ご両親様もさぞかしお慶びでしょう。何に対しても一所懸命なあなたのことですから、きっとすてきなご家庭を築かれることでしょう。心からお幸せをお祈り申し上げます。
記念になる物をと、江戸切り子の水差しをみつけました。新居でお使いいいただけたら幸いです。

かしこ

言いかえのための表現

前文 うれしいお知らせ、心躍る思いで拝読いたしました。

主文 うれしさに心がはやり、ご新居でお使いいただけたらと、つい○○を購入してしまいました。どうぞご笑納くださいませ。

・ご入籍だけとうかがいましたが、ぜひにもお祝い申し上げたく、心ばかりの品、送らせていただきます。

・ご婚約のお祝い、ささやかながら同封させていただきます。

・少しばかりですが、祝儀を同封しました。新居でご入り用の物の足しにでもしてください。

・ささやかですが、ご祝儀お届けいたします。当日は遠く○○の空の下、晴れの日を心からお祝い申し上げたいと存じます。

末文 お二人の未来が末永くお幸せでありますよう、お祈り申し上げます。

成長の「お祝い」

▼出産を祝う

はがき

拝啓　春とは名ばかりの寒さが続いております。この度は、ご長男ご出産おめでとうございます。待望のお子さままでさぞかしお慶びのことでございましょう。早速お祝いに上がろうと思いましたが、奥様のお肥立ちの差し障りにならぬよう、暖かくなってからお邪魔させていただきます。別便にてお祝いの品、お送りいたしました。お気に召すかどうかわかりませんが、これも数のうちとご笑納ください。まずは右、お祝いまで。

敬具

ワンポイント

子供の成長を祝う手紙は、ごく身近で親しい間柄にある方に送る場合が多いはずです。親とともによろこぶ気持ちを素直に綴ります。出産祝いは、母子の健康を気遣う言葉を添えましょう。

言いかえのための表現

主文 叔父様も初孫のご誕生をさぞ喜んでおられるでしょうね。

末文 お子さまのすこやかなご成長を祈り、お祝いを送りました。

はがき　女性文例

ご出産おめでとうございます。とても安産だった由、○○さんからお聞きしました。しかも待望の女の子でお二人ともおよろこびですね。きっとあなた似の美人になることでしょう。産後は、無理をすると後が大変なので、このときばかりは遠慮せず、周りの人たちに甘えてください。

かしこ

▼七五三を祝う

昨日初霜が降り、いよいよ冬到来です。
○○子ちゃん、○○くん、元気で七五三を迎えられますこと、本当におめでとう。姉弟そろってさぞや愛らしいことでしょう。そばで見られないのがとても残念です。気持ちばかりのお祝い同封します。なにか、子供たちの喜ぶものを買ってあげてください。そして写真ができたら送ってくださいね。お正月には一家で遊びに来るのを、楽しみに待っています。

おじいちゃん、おばあちゃんより

七五三豆知識

それぞれの祝いは本来次のような意味があります。

三歳　男・女児　髪置(かみおき)
もう赤ん坊ではないという意味から、無事な成長を祝って、それまで剃っていた髪を伸ばし始める儀式です。

五歳　男児　袴着(はかまぎ)
男の子が大人の礼装を模した袴を付けて、今後の成長を祈願する儀式です。

七歳　女児　帯解(おびとき)
少女になるお祝いに、それまでの着物の付け紐を取り、成人と同じ帯に替える儀式です。

▼入学を祝う

はがき

女性文例

桜のつぼみがだいぶふくらんできました。

このたびは○子ちゃんの新入学おめでとうございます。

ついこのあいだまで、よちよち歩きの姿を見ていたはずなのに、もう小学生とは。ランドセル姿はさぞ可愛らしいことでしょう。

気に入っていただけるかどうかわかりませんが気持ちばかりのお祝いの品、別便にてお送りしましたのでお納めください。

当地ではこれから溢れるばかりに花が咲きます。ぜひご一家で遊びにいらしてください。

かしこ

四月十二日

前略　このたびは、○○君の□□高校ご入学おめでとうございます。日頃から、優秀な○○君のことですから、余裕で合格されたことでしょう。ご家族皆さま、さぞかしお慶びのことと存じます。些少ではございますが、気持ちばかりのお祝いをさせていただきます。ご笑納ください。末筆ながら、○○君によろしくお伝えください。

草々

言いかえのための表現

主文　○○君の□□高校ご入学おめでとうございます。志望校に見事合格されて、ご両親もほっとされたことでしょう。

・○○君、□□大学入学おめでとう。難関を突破されての合格、さすがだなと、叔父さんもとても感心しています。心ばかりですがお祝いの気持ち、同封させていただきます。

▼成人・就職を祝う

拝啓　厳しい寒さが続いておりますが、ご家族皆様お元気の由、何よりでございます。

このたび、ご長男○○さんにはめでたく成人式を迎えられ、おめでとうございます。もう何年もお会いしていないので、見違えるような逞しい青年にご成長されたことと存じます。

今日まで立派に育てられたご両親のお慶びもいかばかりかと存じます。ここに心ばかりの品をお届けし、お祝いに代えさせていただきます。

敬具

拝啓　陽春の候、元気にお過ごしのことと存じます。

さて、この度○○くんには、○○大学○○部をご卒業、めでたく○○社に就職された由、誠におめでとうございます。もとより頭脳明晰な君のこと、当然の結果とはいえ、将来に向けて希望の道を着実に歩まれていることに、心から拍手を送ります。ご両親も、さぞ誇らしく、また頼もしくお思いのことでしょう。

お祝い、些少ですがお納めください。

今後のご活躍に期待しています。

敬具

言いかえのための表現

主文
成人になるということは、自分の責任において「人生を楽しめる」ことだと僕は思います。
・晴れて社会人となられる船出を祝して、気持ちばかりのお祝いを送らせていただきます。

大人の「お祝い」

▼誕生日を祝う

女性文例

○○さん、お誕生日おめでとうございます。
日頃は、公私にわたって、いろいろとご指導くださり感謝しています。そしていつも仲良くしてくださってありがとう。いつまでも、きれいですてきな先輩でいてください。

ささやかなプレゼントに添えて、両手いっぱいの感謝の気持ちを贈ります。

△△

女性文例

母が元気で○○歳の誕生日を迎えられましたこと、お義姉さんには心から感謝申し上げます。

長寿の家系に生まれ、若い頃から働き者で気丈な人ですから、至極当然のことかもしれません。とはいえ、同居のお義姉さんの、母に対するいたわりと並々ならぬご苦労なくして、今日の日は迎えられなかったでしょう。本当にありがとう。娘の私が遠くに住み、日頃なんの力にもなれずごめんなさい。

別便にて、誕生日のお祝いとお義姉さんへの感謝の品を送ります。今後とも母をよろしくお願いいたします。

親不孝の義妹より

ワンポイント
身内や友人・知人に送るお祝いの手紙です。祝辞と日頃の感謝の気持ちをしたためます。お祝いの気持ちを伝えることが主眼ですから、時候の挨拶は省略してもかまいません。

▼還暦を祝う

謹啓　風薫る季節となりました。
○○様におかれましては、ご健勝にお過ごしの段、慶賀に存じ上げます。承るところによれば、還暦をお迎えとのこと、誠におめでとうございます。日頃のご活躍ぶり、颯爽たるご容姿は、同年代の方々と比較してもひときわ若々しく映ります。これもご気力が充実しておられることのあらわれで、後に続く私どもも負けてはいられません。何卒、今後ともご健康に留意され、頼りない後輩を叱咤激励願いたく存じます。
まずは、略儀ながら寸楮をもってお祝い申し上げます。
敬白

言いかえのための表現

前文 お元気で還暦を迎えられましたこと、お慶び申し上げます。

主文 ○○様のご壮健ぶりには頭が下がるばかりで、常日頃見習わねばと感じております。

とっておきの表現

■これからも若々しさを失うことなく、とびきり素敵なお父さんでいてくださいね。

■お父さん、還暦おめでとうございます。お祝いの席に出られず、申し訳なく思っています。多忙を極めており、どうにも繰り合わせがかないませんでした。何とか一人前にやっているのだなと思って、ご容赦ください。

■子供一同から、記念の品を送ります。お母さんとおそろいにしましたのは、二人がそろって元気だからこそ、今日の日が迎えられたのだとの思いからです。

長寿を祝う

拝啓　晩秋の候、ますますご健勝のことと拝察申し上げます。

○○様にはことのほかお元気にお過ごしの由、衷心よりお祝い申し上げます。明治、大正、昭和、平成の四代を生き抜かれ、なおかくしゃくとしておられることは、まさに敬服の極みでございます。この上はさらにお歳を重ねられ、私ども後進に対し、あまねくご指導ご鞭撻をお願い申し上げます。

近々、お誕生祝いの会が催されると伺っておりますが、まずは書中をもってお祝いを申し上げます。

敬具

言いかえのための表現

前文 ○○様には喜寿の祝いをお迎えになり、誠におめでとうございます。

主文 いつも張りのあるお声で言葉をかけてくださいますことが、私どもの励みでございます。

・○○様は年少の私に、いつも元気をくださいます。どうかいつまでもお元気で、またお目にかかってお話させていただける日を楽しみにしています。

長寿の祝い

長寿の祝いは、それぞれ年齢によって言い方が違います。

六〇歳…還暦（かんれき）
七〇歳…古希・古稀（こき）
七七歳…喜寿（きじゅ）
八〇歳…傘寿（さんじゅ）
八八歳…米寿（べいじゅ）
九〇歳…卒寿・卆寿（そつじゅ）
九九歳…白寿（はくじゅ）

▼銀婚式・金婚式を祝う

女性文例

○○様、○子様、銀婚式おめでとうございます。すてきなご夫婦として、身近におられる先輩として、新米夫婦の私どもをいつも見守ってくださってありがとうございます。二十五年という年月には、ご苦労もおありだったでしょうが、そんなそぶりもお見せにならないお二人は、本当にベストカップルでいらっしゃいます。パーティーには、なにをさておき二人で駆けつけます。プレゼント、楽しみにしていてくださいね。
まずは取り急ぎ、お祝いかたがたご連絡まで。

かしこ

女性文例

この度は、めでたくお二人お揃いで金婚式をお迎えになり、衷心よりお祝辞を申し上げます。五十年の歳月を、仲睦まじくおすこやかにお過ごしになられましたこと、敬服の至りでございます。どうぞ、今後もお体をお厭い遊ばして、幾久しくお元気にお歳を重ねられますよう、お祈り申し上げます。

かしこ

言いかえのための表現

前文
このたびは、めでたく銀婚式を迎えられ、心よりお祝い申し上げます。
・お父さん、お母さん、結婚五十周年とは見事です。

主文
私ども夫婦にとってお二人は憧れです。お二人にならってにこやかに日々を送り、五十年の節目を迎えたいと思っております。どうかこれからも仲良くお元気でお過ごしになられますよう。

▼入賞を祝う

拝啓　○○さん、□□展○○賞おめでとうございます。

ついにやりましたね。あなたの実力をもってすれば、ご受賞は確実と思っておりましたが、予想どおりの快挙、心よりお祝い申し上げます。

早速日曜日に展覧会に行きましたところ、受賞作の前には大きな人だかりができておりました。作品は会場内でもひときわ目立っており、私まで誇らしい気持ちになりました。

今後の更なるご活躍とご成功をお祈りし、書中をもってお祝いを申し上げます。

敬具

前略　○○音楽コンクールにおけるご入賞、おめでとうございました。心に染みるすばらしい演奏に感動いたしました。歴史あるコンクールでのご成功は、必ずや今後のご活躍への序曲となるでしょう。そして、ゆくゆくは世界に大きく羽ばたかれますよう、お祈り申し上げております。

草々

言いかえのための表現

主文　このたびのご受賞を我がことのようによろこばしく思います。

・我が友の快挙に、私も胸を張って町中を闊歩したい心境です。

・栄えあるコンクールに見事入賞され、あなたの更なる飛躍を期待せずにはおれません。

・このたびの栄誉が、あなたに輝ける未来をもたらすことでしょう。

▼新築を祝う

はがき　女性文例

春風が心地よい季節となりました。ご新居の落成おめでとうございます。

建築にあたっては、ご夫婦のアイデアを随所に盛り込んだ設計をされたそうで、すばらしいお住まいになったことと存じます。これからは、ご趣味のガーデニングにも腕をふるわれるとか。

近々、お祝いかたがたお宅を拝見させていただきたいと思いますが、まずは書中を以てお祝い申し上げます。

かしこ

女性文例

このたびは、新築マンションへのご転居おめでとうございます。緑あふれるすばらしい環境のうえ、交通至便のロケーション、うらやましい限りです。私どもの宅にもお近くなりましたので、ときどきお目にかかれることをうれしく思っています。

お祝いのしるしに、あなたのお好きな白い胡蝶蘭の鉢をお送りしますのでお納めください。取り急ぎ書中をもってお祝いのご挨拶まで。

かしこ

とっておきの表現

■ご新居を構えられた○○町は自然豊かで、教育環境もすばらしい所と聞き及んでおります。さすが○○さんは住居選びも並でないと感心しきりです。

■これから、新しい土地で、新しい家で、ご家族皆さんでたくさんの素敵な思い出を、作られることでしょう。

とっておきの表現

友人へ書く手紙

親しい間柄ではあまり形式ばった書き方は、かえって気恥ずかしいものです。電子メールにも使える気さくな表現や、ちょっと気の利いた言い回しを掲載しましたので、参考にしてください。

「書き出しの文」

▼稀代の筆無精である私が、思い立って筆をとりました。

▼帰宅途中のファミレスで、取り急ぎこれをしたためています。

▼家人が出はらった家で、ひとりを楽しみながら書いております。

▼メールでなく、お電話でなく、私のつたない文字で気持ちをお伝えしたく、ペンをとりました。

▼ふだんワープロしか使わない私が、今日は手書きでお便りいたします。

▼早起きの雀にせかされて、お便りいたします。

▼不器用な私の、一生一度のお願いです。

▼いざお顔を拝見するとなかなか切り出せないので、手紙を書くことにしました。外は雨、ありったけの気持ちをここに書かせていただきます。

▼口下手な私は、今つぶやくようにこれを書いています。

▼ステレオのボリュームを上げ、守られない約束の、催促の手紙を書かせていただきます。

▼いれ立てのコーヒーの香りに包まれて、筆をとりました。

「返信の書き出し文」

▼いつもながら水茎《みずぐき》の跡美しく、ほれぼれするようなお手紙ありがとうございます。

▼水茎の跡も鮮やかなお手紙をいただいて、お返事を書くのがいささかはばかられましたが…。

▼相変わらずご闊達《かったつ》なあなたのお手紙に、元気をいただきました。

▼あなたの文字を見るたび、なにか心休まる気がして、お便りを心待ちにしていました。

▼すこし右肩上がりの懐かしい文字、ご名字が変わっていてもすぐあなただとわかりました。

▼やさしさに満ちあふれたお便りで、今日一日幸せに過ごせそうです。

▼思わず、開封する手が止まるほどお懐かしいご署名に見入りました。

▼あなたの署名入りのお手紙を開封するとき、いつも心躍ります。

▼ことのほかお幸せそうなお便りをいただき、こちらまで春が訪れたような心持ちになりました。

▼このたびはお心遣いに加え、おやさしい言葉の贈り物までいただき胸がいっぱいです。

▼今、君らしい手紙を読み終えて、学生時代に徹夜で語った夜を思い出した。すべてを後回しにして、返事を書いています。

「安否」

▼父も、母もここへ来て急に老けてきました。そちらのご両親様はお達者ですか。

▼久々の手紙は少し元気がないように思われましたが、思い過ごしならお許しください。

▼雑踏にもまれて歩くうち、ふと君のことを思い出しました。元気ですか。

▼想像を超えた出来事が頻発する昨日今日、私についての重大ニュースをお知らせします。

▼このところ、じっくり読書する暇もありません。あなたは、いかがお過ごしですか。

▼テレビのCMが旅へと誘惑しますが、私の現実はそれどころではありません。

▼その後どうしていますか。あれからあなたのことが気になってしかたありません。

▼しばらくお会いしていませんが、当時かわいい盛りだったお子さんは、おいくつになりましたか。

▼子供の頃たいへんお世話になったお母様は、ご健在でしょうか。

▼当方、相も変わらず貧乏暇なしの体たらく、お恥ずかしい限りです。

▼ご活躍を風の噂に聞き、あなたらしい生き方に、拍手を送っています。

▼いまや、ご活躍ぶりに目を瞠《みは》るばかりです。自分もこうしてはいられないとは思うものの、気ばかり焦って、何もできないでいます。

ビジネス上の「お祝い」

▼昇進・栄転を祝う

前文

拝啓　陽春の候、貴社ますますご清栄のこととお慶び申し上げます。

主文

さて、○○様にはこの度、取締役営業本部長ご昇進、誠におめでとうございます。衷心よりお祝い申し上げます。御社とのお取引は、現在、複数の分野において順調に伸展しております。

今後なお一層の太い絆となりますよう、弊社と致しましてもさらに研鑽を重ね努力してまいりますので、倍旧のお引き立ての程、切にお願い申し上げます。

ワンポイント

祝福を前面に出して、ともに喜ぶ姿勢をあらわします。今後の活躍に期待する旨、助力を約束することなどを書き添えます。

言いかえのための表現

前文 承りますれば、○○○にご昇進とのこと、慶賀に存じ上げます。

・この度はご丁寧な着任のご挨拶をいただき、ありがとうございました。

・ご栄転のお知らせ、拝受いたしました。

主文 ○○長のお役職は激務と伺っております。

・かねて貴殿のご手腕に着目いたしておりましたところ、この度○○事業部長にご着任と伺い、まさに的を射た人事と膝を打ちました。

末文 これを機に一層飛躍なさいますよう、期待しています。

末文

まずは略儀ながら、書中を以てお祝いのご挨拶を申し上げます。

敬白

拝復　春の兆しが微かに感じられる頃となりました。
○○様にはますますご活躍の趣、大慶に存じます。
さて、この度は○○支社長にご栄転の由、おめでとうございます。早速拝眉の上お祝いを申し上げようと思いましたが、引き継ぎなどご出発前の業務繁多と伺い、遠慮させていただきます。この上は新任地においても存分なご活躍をなさいますよう、お祈り申し上げております。まずは取り急ぎ、書中にてお祝いのご挨拶まで。

敬白

・今日までのご高誼を深謝申し上げますとともに、新任地での一層のご活躍をご祈念申し上げます。

・新任地でのご健闘、ご活躍をお祈り申し上げます。

女性文例

○○さん、おめでとうございます。ついに○○室長ですね。我が社の女性の出世頭とは少々古すぎますが、何はともあれめでたい限りです。日頃から、あなたのお仕事ぶりは際立っていましたから、当たり前といえばまさに当たり前の人事といえるでしょう。今後、いわゆる男性側抵抗勢力なども出現するでしょうが、私たちがついていますから、気を強く持って十二分にご活躍ください。我がことのように喜んでいる女性社員を代表し、書中にてお祝いを申し上げます。

かしこ

▼就任を祝う

拝啓　陽春の候、益々ご清祥のこととお慶び申し上げます。日頃は格別のご高誼を賜り、厚く御礼申し上げます。この度、貴殿におかれましては代表取締役社長にご就任の由、心からお祝い申し上げます。

今後、貴殿の卓越したご識見、ご手腕による成果として、御社は更なる発展を遂げられるものと確信しております。激務の中くれぐれもご健康にはご留意ください。

まずは、書中を以てご就任のお祝いを申し上げます。

敬具

拝啓　時下ますますご清栄のこととお慶び申し上げます。
○○様、この度は、代表取締役社長ご就任誠におめでとうございます。謹んでお祝い申し上げます。
○○様は深い洞察力と独特の経営哲学をお持ちなので、常日頃、地域の企業会などでお会いする折、ご高説を伺うのを楽しみに致しております。更なる激務に就かれ、ご多忙を極めることと存じますが、たまにはわれわれ後輩経営者へのご教示もお忘れなきよう、お願い申し上げます。まずは、衷心からお祝いのご挨拶を申し上げます。

敬具

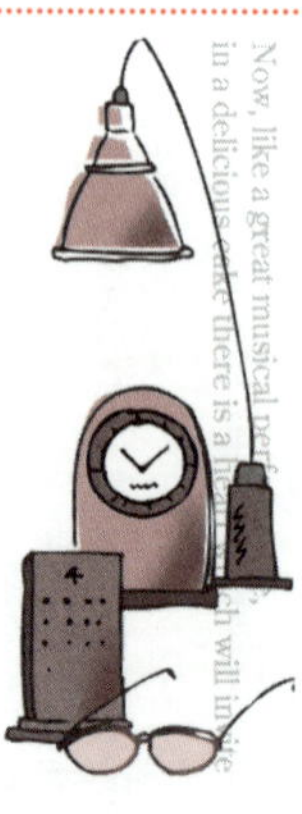

▼開店・開業の通知を受けて

はがき

拝啓　この度は、ご開業誠におめでとうございます。○○会社においでのときは敏腕営業マンとして名を馳せておいででしたが、ご自身の経営による事務所を開業された由、しかもネットビジネスという新しい仕事に着手されるとは、誠に敬服の至りでございます。くれぐれもご自愛の上、ご活躍のほど祈念申し上げます。まずは取り急ぎ、書中にてお祝いのご挨拶まで。

敬具

言いかえのための表現

前文 念願の○○を開業され、お慶びもひとしおと存じます。

主文 長年培われたあなたの実績をもってすれば、必ずやご成功なさると確信致しております。

・ご披露パーティーに伺いました折には、是非ご挨拶させていただきたく存じます。

・今回のご開店は、同業者として大いに注目しております。

末文 ご盛況を心より祈念申し上げ、お祝いのご挨拶と致します。

おめでとう。格好の地にお店を持たれ、念願のご商売を始められるとのこと、あなたのお人柄をもってすれば、千客万来間違いなしです。ご開店日に、ささやかながらお祝いの花をお届けしますので、お納めください。心から、ご盛業をお祈り申し上げております。

敬具

ミニ知識

■同音語の勘違い

同じ発音で似たような意味の漢字がある場合、うっかり誤字を書いてしまうことがあります。また、ワープロを使って書く場合は、変換の誤りに気付かないことがあります。

間違って覚えている言葉は案外あるものです。手紙を書くときは、必ず辞書をそばに置いて確認しながら書きましょう。

さて、ここで問題です。次の文章中のカタカナにあてはまる漢字はどれでしょう?

①情けないほど、気持ちがイシュクしていました。
（a 萎縮　b 畏縮）

②駅から私宅までのショヨウ時間は二〇分です。
（a 所用　b 所要）

③理想をツイキュウする姿に感動しました。
（a 追求　b 追究　c 追及）

●正解

①—b　畏縮＝緊張のために、縮こまること
「萎縮」は生気がなくなり、縮むこと

②—b　所要＝ある物事をするときに必要なこと
「所用」はその人が用いること。用事

③—a　追求＝物事が手にはいるまであらゆる手段を尽くすこと
「追及」は逃げる者を追う、追いつめること。「追究」はわからないことをどこまでも突きつめて、明らかにしようとすること

●そのほかの間違いやすい表現

▼探す…欲しいものをさがす「貸家を探す」
▼捜す…なくなったものをさがす「親捜し」
▼下げる…上げるの反対語「手を下げる」
▼提げる…手に持つ「荷物を提げる」
▼振るう…振り回す「腕を振るう」
▼奮う…かきたてる「勇気を奮う」

Part4

お詫びの手紙

実例で解説する

お詫びの手紙 書き方のコツ

「お詫びの手紙」ほど、書くことにためらいを伴い、勇気と配慮を要求される手紙もないでしょう。素直に自分の非を詫び、受け取った相手に誠意が伝わる表現を用います。

前文

主文

前略

こずえさん、お約束した恒例のグループ旅行について、お詫びのご連絡をしなければなりません。

このほど母が体調を崩したため、現在、実家にて介護をしております。たぶん、当面はこの状況が続き、こちらにいることになると思います。ついては、大変申し訳ありませんが、旅行への参加は断念せざるを得なくなりました。幹事もどなたかにお願いしたいと思います。

自ら引き受けておきながら、大変ご迷惑をかけてごめ

●前文

お詫びをしなければならない事態が発生し、自分の側に非があることが明白となったら、できるだけ早く謝るのが礼儀でしょう。そこで、事の緊急性によっては、頭語は前略で始め、すぐに主文に入ります。

●主文

速やかに詫び状を出すことは大事ですが、ただ謝るだけのお詫びでは誠意は伝わりません。主文では、冒頭で「このたびは○○をして、申し訳ありませんでした」と非を認める姿勢を示し、次にどのように迷惑をかけたかを説明します。これで、充分に自分の置かれた立場や事の重大性を理解しているのだと伝えること

んなさい。今度は京都にしようとみんなで決め、私も
楽しみにしていただけに本当に残念です。

末文

どうぞ事情をお察しいただき、お許しください。
右、取り急ぎ、書中にてお詫びいたします。
草々

後付け

平成○○年○月○日
長谷川ゆり
太田こずえ様

添え書き

追伸　宿の手配・列車の予約は済んでいます。
あとはよろしくお願いいたします。

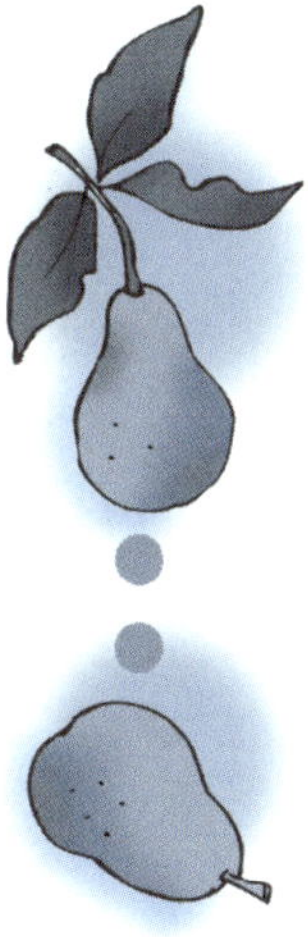

ができます。

ただし、状況を理解してほしいあまり、弁解が過ぎたり、責任転嫁にならないよう気を付けます。

主文の最後に「今後どのように償う」または「心がける」という意味の誓約を付け加えます。

●末文

最後にもう一度詫びることで、誠意を示します。

●その他の注意点

お詫びの手紙を書く場合は、事の経緯を頭の中でよく整理してから文章にしていきます。重大な過失を犯した場合などは、お詫び状を受け取る側の身になって読み返してみることをおすすめします。

また、書面で相手に伝えるということは、記録を残すということにもなります。書いた内容に関しては、必ず守り、誠意をもって対処しなければならないという覚悟が必要です。

これは使える!

一般的なお詫びの表現

「お詫びの手紙」は、素直に詫びて誠意をもって対処する態度を表現します。いいわけが過ぎたり、相手の感情を逆撫でするようなことを書くとかえって逆効果ですから、充分気をつけましょう。

「謝る」

▼大変なご迷惑をおかけいたしまして、心から反省いたしております。

▼幾重にもお詫び申し上げます。

▼深く頭を垂れ、心より謝罪申し上げます。

▼○○になり代わり、深くお詫びを申し上げます。

▼わが身の至らなさに愛想が尽きております。

▼自分の不甲斐なさをあらためて思い知り、打ちひしがれております。

▼なんとお詫び申し上げるべきか、言葉もありません。

▼いかなる言葉をもってしても、言い訳の立たないことは承知しております。

▼謝って済む問題でないことは重々承知いたしております。

▼面目次第もありません。

▼本当に我が息子ながら困ったことだと情けなく、申し訳なさでいっぱいです。

▼申し訳ないことをしてしまい、心よりお詫び申し上げます。

▼私の不注意からご迷惑をおかけすることになってしまい、深くお詫び申し上げます。

▼これまで懇意にしていただいていただけに、心苦しく思っております。

▼こちらの身勝手な事情でご迷惑をおかけしましたこと、誠に申し訳ございませんでした。

▼皆様におかれましては、ご多忙中のところ予定変更をお願いし、ご迷惑をおかけしましたこと、心よりお詫び申し上げます。

▼私にできる限りのお詫びをさせていただきます。

▼どのようなお叱りも受ける覚悟でございます。

▼如何なる処分も覚悟しております。

▼お詫びのしるしに、心ばかりの品送らせていただき

ました。

▼本日お詫びの品をお送りしました。ご不満かとは存じますが、私の気持ちと、ひとまずお受け取りください。

▼何卒寛大な処置を賜りたくお願い申し上げます。

▼今後かような不始末を繰り返さないとお誓い申し上げますので、何卒ご賢察の上、寛大なご処置を賜りますようお願い申し上げます。

「許してほしい」

▼平にご容赦ください。

▼何卒ご海容賜りますよう、伏してお願い申し上げます。

▼ご寛容のほど、心からお願い申し上げます。

▼ひたすらあなたの優しさにおすがりし、お許しを乞うばかりでございます。

▼伏してお許しを乞う次第です。

▼今後はこのようなことを繰り返すことのないよう、厳重に注意いたしますので、何卒ご容赦いただきたくお願い申し上げます。

▼お断りする無礼をお許しください。

▼どうかご容赦いただき、今一度お会いいただきたくお願い申し上げます。

「結びの言葉」

▼取り急ぎお詫び申し上げます。

▼まずは、取り急ぎお詫びまで。

▼まずは取り急ぎお詫びとご報告まで。

▼まずはお詫びかたがたお願いまで。

▼まずは取り急ぎ遅延のお詫びとご猶予のお願いまで。

▼お詫びかたがた現状のご報告まで。

▼お詫びかたがた発送のご連絡まで。

▼取り急ぎ、書中を以てお詫び申し上げます。

▼本来でしたらお伺いすべきところですが、書中を以てお詫び申し上げます。

▼本来でしたら参上致すべきところですが、書中をもちましてご容赦いただきたくお願い申し上げます。

自分自身の「お詫び」

▼欠席を詫びる

拝啓　この度は、ご結婚おめでとうございます。ご披露宴にご招待いただき有難うございます。ところが、当日は所用で地方へ出かける予定を立ててしまい出席がかないません。お二人の幸せなお顔を拝見できないことは、誠に残念です。ご披露宴のご盛会を心から祈念申し上げ、欠席をお詫び申し上げます。

敬具

ワンポイント

「申し訳ない」という、お詫びの気持ちを率直に伝えることが、何より肝心です。詫びる事柄や、相手との間柄、付き合いの度合いなどで書き方は変わってきますが、真心の伝わる言葉を選び、失礼のない言い方を心がけます。結婚披露宴などの欠席を詫びるケースでは、まず招待へのお礼やお祝いを述べ、次に欠席のお詫びを述べます。

女性文例

この度は、ご結婚おめでとうございました。ご披露宴もご盛大だったとのこと、あなたの晴れ姿にお会いできなかったことをたいへん残念に思っております。ご招待いただきながら、こちらの都合で出席できず、申し訳ございません。いつかお目にかかる機会がありましたら、ご披露宴の様子お聞かせください。ここに改めて、お祝いを申し上げます。

かしこ

前略　すばらしいパーティーにお招きいただきましたのに、欠席のご返事をせねばなりません。本当に残念でたまりませんが仕事上の都合で、無理を言ってその日を指定したという経緯もあり、どうにも変更がききません。またの機会がございましたら、是非とも参加させていただきたいと存じます。ご盛会を、心からお祈り申し上げております。

これに懲りずにまた是非お誘いください。

草々

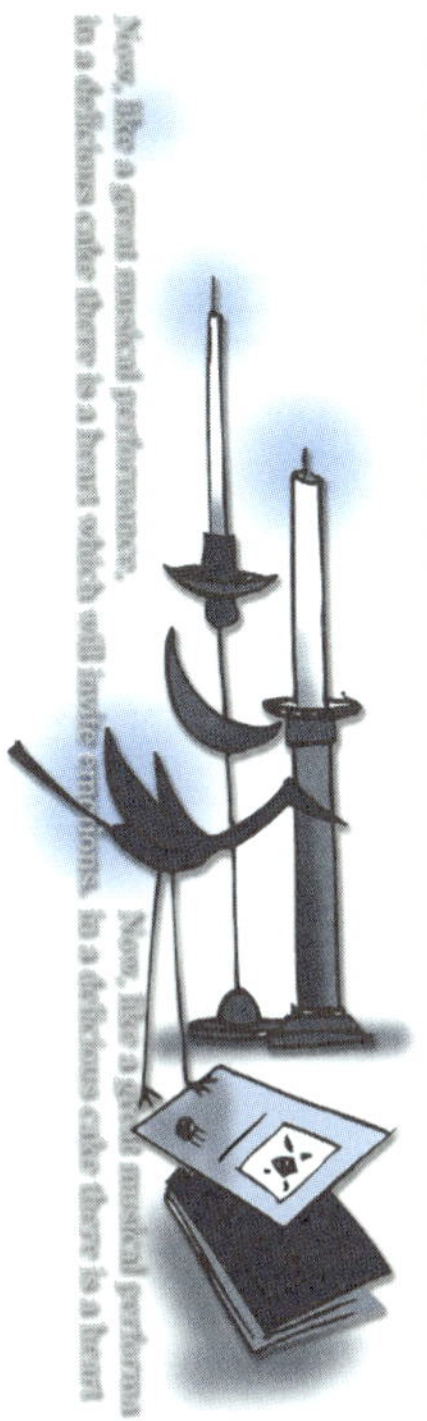

拝啓　先日のパーティーには、出席のご返事を差し上げながら、伺うことができず、大変ご迷惑をおかけしました。突然の所用で時間を費やし、残念ながら出席を断念いたしました。ご連絡もせず、欠席いたしましたことを、ここに深くお詫び申し上げます。

敬具

言いかえのための表現

主文 誠に盛大で素敵な宴席であったと聞き、出席できなかったことが残念でなりません。

- おめでたい席に伺うことがかなわず、心から残念に思っております。
- やむを得ない急用のためとはいえ、せっかくご用意いただいたお席を空けてしまい、申し訳ございませんでした。

▼約束を破ったことを詫びる

前略　過日お約束致しました○○の件につき、取り急ぎご連絡申し上げます。誠に勝手ながら、当方の事情により遂行することが難しい見通しとなりました。大変ご迷惑をおかけ致しますが、この件につきましては、今回は見送らせていただきたく、何卒ご了承のほどお願い申し上げます。ご無礼の段、書中を以て深くお詫び申し上げます。

草々

六月十八日

山内　純一郎

前略　過日はお約束の日時にお品物をお届けすることができず、誠に申し訳ございませんでした。すべては当方の不手際によるものでございます。重ねてお詫び申し上げます。代金は全額当方の負担とさせていただきます。また、今後このようなことがないよう肝銘①いたしますので、何卒変わらぬお付き合いをいただけますよう、改めてお願い申し上げます。

草々

①肝銘（かんめい）…肝に銘じてと同じ。心に刻みつけて忘れないという意味。

言いかえのための表現

前文 前略　先日は大変失礼をいたしました。

主文 前段の件につきましては熟慮を重ね、見送らせていただくという結論に至りました。

末文 本来、参上してお詫び申し上げるべきところですが、まずは取り急ぎ書中にてご連絡申し上げます。

冠省　ご一緒に○○するといいながら、約束を守れなかったことをお詫びします。急遽、□□の一件で時間をとられることになり、ご連絡もせず、雑事に没頭しておりました。なんとお叱りを受けようと返す言葉もございません。いずれ、お目にかかって事情をご説明し、お許しを請いたいと存じますが、取り急ぎ寸楮を以て、深くお詫びを申し上げます。

不一

先日は、久々の再会の約束を果たせず、申し訳ありませんでした。しかも、連絡が遅れてしまい、ずいぶん待たせてしまったこと、本当にごめんなさい。もう、あなたに合わせる顔がない、とためらっていたのですが、大切な友達を失いたくないと思い、勇気を出してペンをとりました。こんな私を、どうかお許しください。ご連絡、お待ちしています。

○○

言いかえのための表現

前文 前略　過日はこちらの都合で、お約束を守れなかったこと、お詫びします。

主文 楽しみにしていてくださったと聞き、なおのこと申し訳なく、大変心苦しく思っております。

末文 取り急ぎ書中にてご連絡します失礼をお許しください。

▼借金返済が遅れたことを詫びる

拝啓　督促のお手紙、確かに拝受致しました。ご返済が大幅に遅れておりましたにもかかわらずご連絡もせず、ご信頼を裏切るようなことを致しまして、申し訳ございません。ご用立ていただきましたおかげで、とりあえず、窮地を脱しましたものの、この先のやりくりのため東奔西走しておりましたので、ついついご返済もご連絡も遅れる結果となってしまいました。ふがいなさに我ながら恥じ入るばかりです。今週末には参上致しまして、必ず全額ご返済申し上げますので、何卒ご容赦願いたく、伏してお願い申し上げます。

敬具

冠省　拝借金のご返済につきましておしかりを受けましたこと、謹んでお詫び申し上げます。私の不徳のいたすところにより金策の目処が立たず、ご迷惑をおかけいたしました。本日ようやくご返済できることとなり、ご指定の口座に送金いたしましたのでご確認ください。ご無礼の段、幾重にもお詫びし、何卒ご寛容のほどお願い申し上げます。

不一

言いかえのための表現

前文 急呈　この度は大変ご迷惑をおかけし、誠に申し訳ございません。

主文 事前のご連絡を怠りましたことは、せっかくのご厚意を無にしたも同然。面目次第もございません。

・深くお詫び申し上げます。

▼借金が返せないことを詫びる

拝啓　すっかりご無沙汰いたしまして申し訳ございません。年初には、私のぶしつけなお願いをお聞き入れくださり、貴重な資金をご融通くださいまして誠に有難うございました。おかげさまで危機的な状況は抜け出しましたが、いまだ期待通りの成果を得るには至りません。これも私の非力ゆえと、恥じております。つきましては、近々ご返済の期日がまいりますが、右のような事情から今しばらく返済をご猶予いただけないでしょうか。○月○○日には、誓って全額ご返済いたします。厚かましいお願いで、さぞお腹立ちのことと存じますが、何卒お聞き届け願いたく、まずは書面にてお願い申し上げます。

敬具

前略　ささやかに営んでおりました私の事業が、このたび頓挫するところとなり、断腸の思いで閉鎖することを決意いたしました。つきましては、さきにご融資いただきました資金のご返済の目処が立たなくなりましたことを、ご報告せねばなりません。何とお詫び申し上げるべきか、言葉を失っております。本来、直接お目にかかってご説明せねばならないのですが、現在、こちらを離れることができず、取り急ぎ書中にて、陳謝申し上げる次第でございます。何卒事情ご賢察の上、ご寛容願いたく伏してお願い申し上げます。

草々

言いかえのための表現

主文　お約束の期日が迫ってまいりましたが、恥をしのんで延期のお願いを申し上げます。

末文　何卒お許しいただきたく、お願い申し上げます。

▼返却が遅れたことを詫びる

前略　先般、借用いたしました○○のご返却につきまし
ては、約束日を大幅に超えることとなり、誠に申し訳
ございませんでした。ご請求を受けるまで失念致してお
りました。本日、ここにご返却申し上げますので、何卒
ご査収ください。ご厚意でお貸しいただきましたのに、
ご無礼を致しましたことを恥じております。
後ほど改めてご挨拶に伺いますが、取り急ぎ書中にてお
詫び申し上げます。

草々

前略　取り急ぎ、ご連絡申し上げます。
先日拝借いたしました機材は、先週が
返却予定でございましたが、当方の作
業の遅れによりいまだお返しできないで
おります。大変厚かましいのでござい
ますが、あと○日ほど拝借願えないも
のか、ここにお伺い申し上げます。ご
迷惑をおかけいたしますが、ご配慮い
ただきたくお願い申し上げます。

草々

言いかえのための表現

主文

勝手なお願いとは重々承知しておりますが、事情をお察しいただき、今しばらくの借用をお許しいただきたく、お願い申し上げます。

・本日別便にて、ご返却の手配を急ぎ行いましたので、ご確認の上ご査収くださいませ。失念ご容赦ください。

▼借用物を破損したことを詫びる

前略　先日あなたからお借りした本のことで、お詫びを言わなければなりません。誤ってページを引き裂いてしまったのです。貴重な書籍であるにもかかわらず、取り扱いに注意が足りなかったことを、心から反省しております。本当に申し訳ありません。いま、手を尽くして同じ書籍を探していますが、万が一手に入らない場合には、弁償させていただくつもりです。いましばらくお時間をくださいますよう、お願い申し上げます。取り急ぎご報告まで。

草々

言いかえのための表現

前文 取り急ぎ申し上げます。

・前略　今日はあなたにお詫びを申し上げねばなりません。

末文 私の粗忽《そこつ》さ故の不注意を、深くお詫び申し上げます。

女性文例

ごめんなさい。本当にごめんなさい。お借りしたビデオテープを、お返しするつもりで持ち歩くうちに、どこかへ置き忘れてしまいました。心当たりを必死で捜したのですが、みつかりません。代わりのない大事な記録テープなのに、どうしたらよいかわからずただ呆然としています。

このようなことで済むとは思っていませんが、別便でお詫びのしるしに粗品をお送りしましたので、どうか受け取ってください。

本当に申し訳ありませんでした。

かしこ

▼失礼を詫びる

謹啓　先日は、取り込んでおりましたため大変失礼な応対をしてしまい、申し訳ございませんでした。さぞ、ご気分を損なわれたことと存じます。多忙にかこつけ、ぞんざいな態度になりましたのは、ひとえに私の器量不足によるところです。以後、心して失礼のないようにいたしますので、どうぞお許しいただきたく、ここにお詫び申し上げます。なお、今後とも一層のご指導とお引き立てをいただきますようお願い申し上げます。

敬白

十二月十八日

佐藤和明

石田宏治様

この間は、大変失礼しました。お怒りになられたのも無理ありません。親しさに甘え、つい度を越した物言いをしてしまいました。最近いろいろと煩わしいことが多く、気分に余裕がなかったせいですが、お恥ずかしい限りです。二度とこういったことのないよう心掛けますので、どうぞ今まで通りお付き合いくださるようお願いします。

○○

言いかえのための表現

主文　先日は私のあさはかな誤解から、大変失礼なことを申し上げ、心から反省しております。今はただ後悔するばかりです。

・私の失言は、あなたをどれほど傷つけてしまったことか。思慮の足りなさを痛感いたしました。本当に申し訳ありませんでした。

前略　昨日の会合における私の発言の中で、第三者を傷つけるような表現をいたしましたことを、お詫びいたします。故意にではないものの、大変不用意なことを申しまして心から反省しています。ご指摘をいただくまで気づかずにいるとは、誠に情けない限りです。
今後は、言葉の重さについて充分注意を払い、周囲の方を傷つけたり不快感を与えることのないよう配慮いたしますので、何卒ご容赦くださいますようお願い申し上げます。

草々

・温厚なあなたの怒る姿に本当に驚きました。そんなにあなたを傷つけていたなんて。申し訳なさでいっぱいです。

とっておきの表現

- 勢いに任せてあのようなことを口走ってしまった今、どのような顔であなたの前に立てばよいのか身の置き所もございません。
- 前後の見境なく、思いに任せてものを言ってしまうのが、私の哀しい性です。
- あのときの当惑まじりの静かなまなざしは、あなたのお怒りの深さを物語っていたのだと、今悟りました。
- いかなる言い訳も友情を元に戻すことはできないのでしょうか。ただただ、悔やむばかりです。
- 思慮に欠けた私の言動が、私たちの絆を瞬時に断ち切ったと思い知りました。

断りの手紙

▼借金の依頼を断る

女性文例

お手紙拝受いたしました。ご窮状を伺い、ご心労をお察しいたします。

しかしながら、私には、残念なことに人様にご融通できる資金の余裕はなく、お申し出にお応えすることができません。お役に立てず申し訳ございませんが、どうぞご了承ください。

一日も早くよい解決策がみつかりますことを、かげながらお祈り申し上げております。

かしこ

お手紙拝見しました。さぞご苦労なことと存じます。申し上げにくいことですが、日頃より金銭の貸し借りはしないことを旨としておりますので、この度のお申し出はお断りせざるを得ません。冷たい返事とお思いでしょうが、ご勘弁ください。ご事情が好転することをお祈りいたします。

敬具

ワンポイント

頼みごとに対する断りの手紙では、断る理由を相手に納得してもらうことが大切です。そのためにも、事実に基づき、はっきりと理由を記すことが大切です。

言いかえのための表現

前文 お困りのご様子、ご同情申し上げます。
・ご窮地、ご心労を重々拝察申し上げます。

▼借用（品物）の依頼を断る

前略　お申し越しの品物につきましては、残念ながら外部への貸し出しを致しておりません。品物の性質上、万が一の破損等にともなうトラブルを避けたいと思い、どちらからのお申し出に対しても、お断り申し上げています。ご期待に沿えず恐縮ですが、事情ご賢察の上、何卒ご了承くださいますようお願いいたします。

草々

言いかえのための表現

前文 前略　ご依頼の件につき、取り急ぎご連絡申し上げます。

主文 ご要望の品につきましては、当方の規定により、一切の貸出をお断りしております。

末文 ご希望に沿えず恐縮ですが、何卒ご理解くださいませ。

・お役に立てず、誠に申し訳ございません。

拝復　ご依頼の○○の貸し出しにつきまして、残念ながら当面は当方での使用の予定がつまっており、ご要望に沿えません。時期をずらしていただければ、あるいはお貸し出しが可能になるかもしれませんが、取り急ぎお断りのご連絡を申し上げます。あしからずご了承ください。

敬具

▼借用（家）の依頼を断る

前略　この度、私所有の家屋についてお問い合わせをいただきましたが、誠に残念ながらお貸しできる状況にありません。先の予定が決まっているわけではありませんが、内々で使うこともあり、しばらくは現状のままにしておきたいと思っております。ご意向に沿えず恐縮ですが、何卒ご理解いただきたく存じます。

草々

in a delicious cake there is a heart which

前略　拙宅へのご宿泊についてご依頼を受けましたが、いまだ人様をお泊めしたこともなく、取り散らかしておりますので、ご勘弁願いたく存じます。お役に立てずお恥ずかしいのですが、ご理解ください。近隣に宿泊施設は種々ございますので、よろしければご紹介いたします。どうぞあしからずご了承願い上げます。

草々

言いかえのための表現

前文 お問い合わせの件、ご期待に沿えない旨、急ぎご連絡申し上げます。

主文 とても人様をお泊めできるような部屋はなく、残念です。

・現在建て替えを検討しており、お貸しできる状況にありません。

▼依頼されたことを断る

前略
この度のご依頼について、取り急ぎご返事いたします。

せっかくですが、私には荷の重いお話でとてもお受けする余裕がありません。もとより口べたで、人様の上に立って采配するなど、思いもよらないことでございます。不甲斐ないことですが、どなたか適任の方をお探しいただきたいと思います。

どうぞ、あしからずご了解くださいませ。

草々

言いかえのための表現

主文
・お声をかけていただき光栄ですが、身に余る大役を務め上げる自信がございません。今回は辞退申し上げたく存じます。
・一度は承知しておきながら、はなはだ失礼とは存じますが、何卒ご了解ください。

前略　過日ご依頼の○○の件、喜んでお引き受けすると申し上げましたものの、その後私を取り巻く状況が変わり、どうしてもご期待に沿える自信がなくなりました。大変勝手ですが、この度のことは辞退させてください。一旦お引き受けしながらお断りすることで、いろいろとご迷惑をおかけすることになるでしょうが、どうぞご勘弁くださるようお願いいたします。取り急ぎ書面にてお断りとお詫びを申し上げます。
草々

家族に関する「お詫び」

▼けがをさせたことを詫びる

この度は息子○○が、ご子息○○君に大変なご迷惑をおかけいたしました。

お怪我の具合はいかがですか。本人が申しますには、はしゃぎ過ぎてしまったとのことで悪意はなかったと思われますが、いずれにせよ、誠に申し訳なく存じております。ご回復の経過をみて、息子を連れてお見舞いに上がるつもりですが、取り急ぎ書中にて心からお詫びを申し上げます。

敬具

前略　この度は、クラブ活動中、息子の投げたボールがお嬢様にあたりお怪我を負わせたとのこと、心からお詫びを申し上げます。その後、お加減はいかがでございましょうか。くれぐれも充分なご養生をなさいますようお願い申し上げます。いずれお見舞いに上がりますが、まずは、書中にてお詫びとお見舞いを申し上げます。
草々

ワンポイント
不始末を詫びる内容の手紙であって、公式の始末書ではありません。決まった書式はありませんので、心からのお詫びと、今後の対応への誠意を表わす文面を綴ります。

言いかえのための表現
末文 心ばかりのお見舞いの品を別送いたしますので、どうかお納めください。

▼子供の不始末を学校に詫びる

○月○日午後、長男○○が学校内で友人ら数人と騒ぎ、学校内の器物を破損したことにつきましては、誠に申し訳なく深くお詫び申し上げます。昨今、勉強に身が入らず心配しておりましたところ、このような事態により校内の秩序を乱し、保護者として責任を痛感しております。きつく叱責し反省させましたが、再び不始末を起こしました時は、どのような処分をも受けさせる覚悟でございます。なお、破損の什器につきましては、弁済させていただきます。何卒今後とも、ご指導くださいますようお願い申し上げます。

敬具

この度、娘○○が校則に反し停学処分を受けましたことに対し、心からお詫び申し上げます。この度のことは、私ども親子の関係も含め、娘の生活行動に対し親としての配慮が足りなかった結果にほかなりません。今後は、できる限り親子の意思の疎通を図り、娘には校則に従い学校にご迷惑をかけることのないよう努めさせますので、ご指導くださいますようお願いいたします。

敬具

言いかえのための表現

主文 この度の一件では、親である私どもの監督不行き届きで、結果としてお宅様にご迷惑をおかけすることとなり、深く反省させられた次第です。

・今後このようなことが再び起こらないよう、親として厳しく注意いたします。

▼器物を破損したことを詫びる

お宅の上の階に居住する○○でございます。

本日、ベランダにて植木に水やり中、私の不注意から過ってお宅様の布団に水を少々こぼしてしまいました。

誠に申し訳ございません。すぐに、お詫びに上がりましたが、お留守のようですので、ポストにお手紙とともに粗品をお詫びのしるしに置いてまいります。お納めいただき、何卒お許しくださいませ。

昨日、私の不注意から自転車通行時にお宅様の門前の盆栽鉢にぶつかり、破損してしまいました。誠に申し訳なく、お詫びの言葉もございません。長い間のご丹精が無駄になった上、植木を台無しにされ、さぞご無念なことと存じます。誠に些少でお腹立ちとは存じますが、同封にて私のお詫びのしるしをご送付させていただきます。何卒お納めいただきたく、お願い申し上げます。

敬具

言いかえのための表現

主文 お宅様への漏水の件、誠に申し訳ございませんでした。修繕にかかる費用につきましては、私どもに請求を回していただけるよう手配が整いましたこと、ご報告させていただきます。○○様には大変ご迷惑をおかけし、改めてお詫び申し上げます。

▼騒音へのお詫び

今般、拙宅の改築工事にともなう種々の騒音についてのお叱りを受け、謹んでお詫び申し上げます。
あらかじめ近隣の皆様にご挨拶もせず工事を始めた上、予想以上の騒音を発生させておりますことを、申し訳なく存じております。施工業者とも相談の上、できる限り騒音を抑えるよう努力いたしますが、どうぞ今しばらくご容赦くださいますようお願い申し上げます。

敬具

七月九日

山本　登

拝啓　この度、わが家の生活音が大きく、近隣の皆様に大変ご迷惑をおかけしているとのご指摘をいただきました。お恥ずかしいことで、心からお詫びいたします。気をつけているつもりではありましたが、床や壁など構造上の不備もあり、大変申し訳なく思っております。今後は音響機器の音量等を控えめにし、徐々に防音工事を行っていくつもりですので、どうぞお許しいただきますようお願い申し上げます。

敬具

言いかえのための表現

主文ご指摘を受け、皆様に大変不快な思いをさせていたことを知り、深く反省しております。

・私どもの立てる音がおくつろぎの時間をお邪魔し、ご迷惑をおかけしましたことをお詫び申し上げます。子供たちには厳しく注意をいたしますので、何卒お許しください。

ペットに関する「お詫び」

▼鳴き声を詫びる

拝啓　日頃は何かとお世話になり、ありがとうございます。この度、飼い犬のことで、鳴き声がうるさいとのご指摘をいただきました。以前から気にはなっておりましたが、ご注意を受けるほどとは思わず放置しておりましたことを、申し訳なく思っております。現在、しつけの方法を学び少しずつ訓練いたしておりますので、今しばらくご勘弁をいただきたいと存じます。取り急ぎ、書中にてお詫びを申し上げます。

敬具

ワンポイント

ペットが他人に迷惑をかけてしまったときは、相手の不快感を充分くみ取り、心からお詫びして今後の対応についてできるだけ具体的に記述します。

言いかえのための表現

主文 この度は当家の犬の糞尿の不始末につきご指摘いただきまして、ありがとうございました。散歩の際はご近所の皆様にご迷惑をおかけしないよう、子供に申してあったのですが、始末忘れがあったと知り、大変に反省をしております。

・我が家の猫がお宅様に大変なご迷惑をおかけしましたこと、心よりお詫び申し上げます。丹精された花壇を荒らされ、さぞご立腹のことと存じます。

・今後は飼い主としての責任を肝に銘じ、しつけにあたってまいります。

▼糞尿に関するお詫び

前略　お宅様のお庭にわが家の猫が侵入し、糞尿等でお庭を汚していたことをはじめて知りました。管理不行き届きをお詫びいたします。今後は、外へ出さぬよう配慮いたしますので、これまでのことはどうぞお許しくださいますよう、お願いいたします。

別便にて、お詫びのしるしに粗品をお送りいたしましたのでお納めくださいませ。

右、取り急ぎ書中にてお詫び申し上げます。

草々

とっておきの表現

- このところ多忙にかまけ、充分に相手をしてやれず、犬もストレスを溜めていたと気付きました。早速専門家に相談し、今後のケアとしつけに努めてまいりますので、今しばらくご勘弁いただき、何卒ご容赦ください。
- かわいさのあまりに、つい甘やかし、しつけを怠ったことを改めて反省いたしております。
- ご忠告をいただくまで、猫がお嫌いな方には耐え難い苦痛であったことを知らずにいた無神経さを、心から恥じております。
- 散歩の折などかわいがっていただいているのに、そのご厚意を無にするような粗相を放置してまいりましたこと、お詫びの言葉もありません。
- 糞の始末は、犬ではなく飼い主の責任です。今後は、犬の名誉挽回のためきちんと始末をしますので、どうぞご勘弁ください。

事故の「お詫び」

▼交通事故を詫びる

謹啓

前文

その後、お怪我の具合はいかがでございましょうか。

主文

過日はあのような重大な事故を私の不注意により引き起こし、あなた様に多大なご迷惑をおかけすることになりました。心からお詫び申し上げます。事故当時は取り乱しておりまして、満足なご挨拶もできず、大変失礼いたしました。近々ご病室へお見舞いに参上し、改めてお詫び申し上げるつもりでおります。

今後、賠償等に関しましては、保険会社からご相談を

ワンポイント

交通事故の加害者になるということは、事故を起こした本人にとっても、大きな痛手です。事故直後は動揺し、適切な対処ができなかったというケースも多いはずです。日をあらため、きちんとお詫びの気持ちを伝えることは大切です。補償の問題もありますが、その話とは別に、心からお詫びと思いやりを伝える機会として、手紙をしたためてください。

言いかえのための表現

前文　拝啓　その後お加減はいかがでしょうか。

主文　この度は私の不注意で大切なご子息様にお怪我を負わせてしまい、何とお詫び申し上げてよいか、言葉がみつかりません。

・事故の折の恐怖が今も消えないとのこと、お詫びの致しようもありません。

させていただくことになりますが、誠心誠意対応させていただきますので、何卒お許しいただきますようお願い申し上げます。

末文

末筆ながら一日も早いご回復を祈念申し上げます。

敬白

取り急ぎ一筆申し上げます。先日は不注意から貴殿の車に接触、傷をつけてしまい、誠に申し訳ありませんでした。
先を急ぐあまり、不用意にバイクを発進したのが原因です。
修理については、保険会社に連絡いたしましたので、まもなく担当者より連絡があるかと思います。どうぞ、よろしくお願いいたします。朝の通勤途中の事故で、一日のご予定が大きく変わってしまったとのこと、大変なご迷惑をおかけしました。いずれ、改めてご挨拶に伺いますが、まずは書面を以て深くお詫び申し上げます。

草々

- 私の不注意でご不便をおかけし、また受験を控えた大事な時期でしたのに、これを見送らざるを得なくなったこと、誠に申し訳なく存じ、心よりお詫び申し上げます。
- 代われるものなら代わりたいという心境でございますが、叶うはずもなく、起こしてしまった事故の重大さに、伏してお詫び申し上げるしか術がありません。
- せめてご全快まで誠意をもって対応させていただく所存でおります。ご回復を心よりお祈り申し上げております。
- 修繕費はお支払いさせていただきますが、当面ご不便をおかけすることと存じます。何卒お許し願いたく、一筆とらせていただきました。
- 今は、迷惑をかけた加害者の顔など見たくもないとお思いかと存じます。お玄関先で結構ですからお詫びの気持ちをお伝えに参りたくお願い申し上げます。

ビジネスでの「お詫び」

▼納期遅れを詫びる

前略　取り急ぎご回答申し上げます。○月○日付にてご注文いただきました製品の納入につきましては、誠にご迷惑をおかけし申し訳ございません。出荷時の手違いにより、一日遅れの出荷となりました次第で、不手際を深くお詫び申し上げます。同様なミスの発生を防ぐため、ただいま出荷システムを再検証しております。
何卒ご容赦いただきまして、今後ともお引き立てを賜りますようお願い申し上げます。

草々

拝復　取り急ぎご返事申し上げます。
お問い合わせの商品につきましては、ご指示の日程に従い、○月○日工場出荷を済ませております。台風による航空便の欠航が商品未着の原因かと思われますので、現在、航空会社に確認をいたしております。
貴社には大変ご迷惑をおかけし、申し訳なく存じますが、何卒事情ご賢察の上、今しばらくお待ちくださいますようお願い申し上げます。

敬具

ワンポイント

お詫び状には、指摘を受けての場合と、自発的にミスを公表する場合の二通りがあります。いずれの場合も、誠意をもって迅速に対応している姿勢を示します。内容は、①事実確認　②原因究明　③責任の所在　④善後策　⑤意思表明　の順で、簡潔に書きます。

▼製品の不具合を詫びる

拝啓　日頃は当社製品をご愛用いただきありがとうございます。さて、この度はお買い上げいただいた当社製品に不具合がありましたとのこと、誠に申し訳なく深くお詫び申し上げます。同梱にて、代替品をお送り申し上げますのでご査収くださいませ。なお、ご面倒ですが、不良品は着払いにてご返送くださいますようお願い申し上げます。日頃、品質管理には充分な配慮を致しておりますが、今後はさらにこれを強化し、かようなご迷惑をおかけしないよう努力致します。何卒、今後ともご愛顧賜りたく衷心よりお願い申し上げます。取り急ぎ、書中を以てお詫びを申し上げます。

敬具

前略

○月○日付にて、ご指摘を受けました弊社製品○○（製造番号○○）の欠陥につきご報告申し上げます。製造工程を徹底的に調査致しました結果、同製品の部品の一部に問題があることが判明し、ただちに出荷製品の回収を行うことに致しました。ご購入いただきました皆様に多大なご迷惑をおかけ致しましたことを、深くお詫び申し上げます。この件につきまして、近日中に御社へ担当者を派遣し、詳細なご相談をさせていただきます。なお、今後このようなことを起こさないよう全社を挙げて努める所存でございます。取り急ぎ、書面を以てご報告とお詫びを申し上げます。

草々

ワンポイント

製品の欠陥については、PL法（製造物責任法）にかかわる場合もありますので、慎重な対応が必要です。

▼契約不履行を詫びる

拝啓　貴社益々ご盛栄のこととお慶び申し上げます。

日頃は、ご高配を賜り厚く御礼申し上げます。

さて、ご連絡いただきました当社との契約については、貴社のご指摘の通りでございます。当社の製品開発の遅れが貴社の販売計画に多大な影響を及ぼす結果となり、誠に申し訳ございません。ただ今、関係部署の総力を挙げて業務を遂行しております。来月末までに、必ずお納めできるものと存じますので、何卒ご容赦いただき、いましばらくのご猶予をお願い申し上げます。

敬具

ワンポイント

ビジネス上でトラブルが起きたときは、まずは電話で連絡を入れ、事実確認をした上で謝罪して善後策を相談します。お詫び状はそのあとで出します。ことの大きさにより文書の発信人を誰にするか（代表者、部門長、現場責任者等）を社内で充分協議の上、発信することが大事です。お詫び状には社名が載りますから、後々のことにも配慮が必要です。なお、弁償については関係部署で検討し、しかるべき結論が出てから対処します。

言いかえのための表現

主文　常に○○については、十二分な配慮をして参りましたにもかかわらず、このような結果を招き、誠に遺憾でございます。

▼仕様違いを詫びる

冠省　ご連絡いただきました件につき、取り急ぎご回答申し上げます。

○月○日付発送の当社製品○○（伝票No.○○○）につきましては、担当者の伝票入力ミスにより仕様違いの製品を発送したことが判明いたしました。ここに、不手際をお詫びし、ただちに正規のご注文品をお届け申し上げます。手違いでお送りした製品は、後日お詫びかたがた当方より引き取りに参上いたします。

今後は細心の注意を払うよう関係部署に申しつけましたので、何卒ご容赦賜りますようお願い申し上げます。

不一

前略

過日は当社製品○○○○をご注文いただき、誠に有難うございました。また、このたび追加のご注文を頂戴し、誠に有難く厚く御礼申し上げます。ところで、今週末までの納品というご要望でございますが、現在同品は在庫切れであり、来週末になりませんとお納めできない状態でございます。人気商品ゆえメーカーもフル稼働で生産しているありさまです。入荷致しましたら、一番に御社にお届け申し上げますので、何卒いましばらくご猶予いただきたくお願い申し上げます。

草々

末文
- 弊社の事情をお察しの上、何卒ご高配くださいますよう、伏してお願い申し上げます。
- 近日中にお電話を差し上げますが、まずは書中にてお詫びとお願いを申し上げます。

▼支払いの遅延を詫びる

前略　貴社よりご督促をいただきましたご送金につきましては、事務処理上の手違いにより、今月分のお支払いにまわっておりました。

従いまして、今月末には貴社口座にお振り込みとなります。ここに不手際をお詫び申し上げますとともに、今後とも変わらぬお引き立てをお願い申し上げます。

草々

Now, like a great
in a delicious ca
Feel at ease for a
The heart which
a heart expresse

前略　取り急ぎご連絡申し上げます。貴社宛ご入金の遅延に関しましては、誠に申し訳ございませんでした。本日、電信扱いにてお振り込みをいたしましたので、ご確認願います。当方の事務処理上のミスにより送金が遅れましたもので、大変ご迷惑をおかけいたしました。すぐに遅延のご連絡を申し上げねばならぬところ、取り紛れ本日のご連絡となりましたことを重ねてお詫びいたします。今後は充分注意いたしますので、ご容赦くださいますようお願い申し上げます。

草々

言いかえのための表現

主文 ご指定の期日を守れませんでしたことを、深くお詫び申し上げます。

末文 来月以降、決して同様な支払い遅延を発生させないことをお誓い申し上げます。

拝啓　平素は格別のお引き立てを賜り、厚く御礼申し上げます。さてこの度の、当社社員の不祥事につきましては、関係各方面の皆様方に多大なご迷惑をおかけし、またご信頼を裏切る結果となりましたことを、衷心よりお詫び申し上げます。本来あるまじき事態であり、全く申し開きのしようもございません。一社員の引き起こしたことではありますが、これを深刻に受け止め、全社を挙げて信頼の回復に努める所存でございます。何卒ご寛容賜り、これまで同様のご高誼をお願い申し上げます。まずは略儀ながら書面を以てお詫び申し上げます。

敬具

▼社員の不祥事を詫びる

拝啓　日頃は格別のお引き立てをいただき誠にありがとうございます。さて今般、ご指摘をいただきました当社社員の引き起こした不祥事につきまして、誠に申し訳なく深くお詫び申し上げます。○月○日付けで同人を解雇いたしましたが、今後は全社を挙げてモラルの向上と、信頼の回復に努めてまいります。何卒、従前のご高誼を賜りますよう、伏してお願い申し上げます。後日、ご連絡の上お詫びに参上いたしますが、取り急ぎ書面にて深謝申し上げます。

敬具

言いかえのための表現

主文 当社社員○○についてご抗議の文書、確かに拝受いたしました。誠に面目次第もありません。

・いかなる状況にあってもこのような言動は許されるものではありません。本人に厳重注意いたしました。

▼社員の対応を詫びる

拝啓　日頃は格別のご高配をいただき、厚く御礼申し上げます。

さて、過日は、当社社員の応対に大変ご無礼がありましたこと、心からお詫び申し上げます。社員に対する指導教育が不充分でありましたことを、痛感いたしております。今後はこのようなことのないよう、心して指導いたしますので、どうぞお許しいただきたく、伏してお願い申し上げます。

本来、ただちに参上すべきところ、略儀ながら書面にてお詫びを申し上げます。

敬具

拝啓　平素は格別のご愛顧を賜り厚く御礼申し上げます。さて、過日御社との懇親会の席にて、当社社員○○の言動に大変な失礼があった由、誠にお詫びのしようもございません。交流の為のお席にもかかわらず、かようなご無礼をいたしまして困惑しております。同人に対しては様子をみてしかるべき処置を考えております。つきましては、二度とかようなことのないよう社員には指導を徹底いたしますので、何卒従前のご高誼をいただきたく、伏してお願い申し上げます。後日改めてご挨拶に参上いたしますが、まずは書面にてお詫び申し上げます。
敬具

言いかえのための表現

主文 これは上司たる私の不徳の致すところでございます。
・日頃、このような言動をする人間ではないので驚愕しております。

▼始末書の書き方

この度の○○の件につきましては、会社に多大な迷惑をかけ、誠に申し訳なく深くお詫び申し上げます。日常業務におけるマンネリズムが今回の件の誘因となったもので、監督業務にありながらこれらを見過ごしてきたことを、深く反省いたしております。今後、このような不始末を再発しないため、私を含む関係者の意識改革をはかり、システムの見直しを行うとともに、一層業務に精励することを誓約いたします。

※事の経緯は、別添の理由書に詳細を書く。

始末書

平成○年○月○日

総務部長
○○ ○○殿

技術部第２課
○○○○

私は、平成○年○月○日、午後１０時頃残業中の煙草の不始末により、書類とフロアカーペットの一部を焦がす事故を起こしました。不注意から、このような失態を犯しましたことを、深くお詫び申し上げます。

今後このような不始末を二度と起こさないことを誓い、寛大なご処置をお願い申し上げます。

以上

▼進退伺の書き方

今般は、私の判断ミスから取り返しのつかない結果を招き会社に多大な損害を与えました。日頃からいかなる事態にも対応できる心構えはできていたつもりですが、結果的には私の能力不足を思い知らされることとなりました。会社の内外にご迷惑をおかけしましたことを、心からお詫びします。ここに辞表を提出し、しかるべきご処分をお待ち申し上げます。

代表取締役社長
大　山　太　郎　殿

営業第２部第３課長
青　木　稔 印

平成○○年○月○日、当部第３課丸山△△夫による売上金着服横領事件につきましては、小職の指導監督不行き届きが原因であり、会社に多大な損害を与えましたことを深くお詫び申し上げます。

また、この件に関しましては、マスコミ等に報道されるに至り、会社の名誉と信用を著しく失墜せしめたこと、誠に申し訳なく存じております。

すべての責任は監督者たる私にあり、ここに職を辞して責任をとる覚悟であります。辞表を同封し、御処分をお待ち申し上げます。

▼辞表の書き方

退職願

営業第2部第3課長
青木 稔

私儀今般一身上の都合により退職いたしたく
ここにお願い申し上げます。

退職希望日 平成○○年○月○日

以上

青木 稔 (青木)

言いかえのための表現

●辞表

・職を辞して責任を負う覚悟であります。
・しかるべきご処置をお待ち申し上げます。
・ここに、小職の進退についてご指示をお待ち申し上げます。
・いかなる処分も謹んでお受けする覚悟で、ご指示をお待ち申し上げております。
・ここに辞表を同封し、御決済をあおぎます。

●退職願

・一身上の都合により、○月○日をもちまして退職いたしたく、お届け申し上げます。
・家事都合により、○月○日をもって退職いたします。
・この度、健康上の理由により、来る○月○日をもって退職いたしたく、お願い申し上げます。

これは使える！

一般的なビジネスでの表現

ビジネス上では、左の表のような慣用句の組み合わせによる文章が一般的です。これに用件となる主文を挿入すれば、簡単に書簡や挨拶文が作成できます。いろいろに組み合わせてお使いください。

頭語	拝啓　謹啓　前略　冠省					
時候の挨拶	○○の候 ○○のみぎり（砌） 時下（この場合はすぐ祝福の挨拶に入る）					
相手	貴社　貴店　御社 貴殿　貴下 貴台	には におかれましては におかれては				
祝福	ますます いよいよ	ご清栄 ご盛栄 ご隆昌 ご発展 ご隆盛 ご繁栄 ご健勝（個人） ご清祥（個人）	のことと の段 の御事と の趣 の由	慶賀に存じ上げます お慶び申し上げます 大慶に存じ上げます		
			のことと拝察申し上げます のことと存じ上げます			
感謝	平素は 日頃は 毎々	なにかと 格別の 格段の	ご交誼 ご高誼 ご厚誼 ご厚情	を頂き を戴き にあずかり	厚く 衷心より 深く	御礼申し上げます 感謝申し上げます

	毎度 常々	多大の（な） 並々ならぬ	ご高配 お引き立て ご愛顧 ご用命 ご指導
起辞	さて　つきましては　早速ながら　早速ですが　今般　この度		
自社の表現	弊社　小社　当社		
本文中の慣用語句	ご配慮　ご依頼　ご注文　ご確認　ご案内　ご通知　ご返事　ご承諾　ご回答　ご紹介 ご照会　ご用命　ご高説　ご高見　ご卓見　ご厚志　ご事情　ご賢察　貴意を得たく 貴重なお時間を賜り　業務ご繁多の折　拝顔の栄を賜り　貴意に沿いかねる　ご寛容 ご容赦　寸志　粗品　粗餐		
末文	貴社のご繁栄を祈念し 今後ますますのご指導ご鞭撻をお願いし 時節柄益々ご自愛のほど祈念し	貴社ますますのご発展を祈り 今後ともよろしくご指導のほどお願い申し上げ いずれ拝眉の折ご挨拶申し上げますが	
結びの言葉	まずは書中を以て まずは書面を以て 取り急ぎ寸楮を以て 右、取り急ぎ	ご挨拶 お伺い ご通知 ご案内 お願い お詫び 御礼 ご照会 ご依頼	申し上げます 申し上げる次第でございます に代えさせていただきます
結語	敬具　拝具　謹白　草々　不一		

ミニ知識

■ことわざ・慣用句を使う①

手紙文の中で、ことわざや慣用句を引用して書きたいときがありますが、そのようなときに使えそうなものを集めてみました。中には勘違いして覚えている場合があります。恥をかいてしまわないように気を付けましょう。

● **錦上花《きんじょう》を添える**

錦の上に美しい花を添え置くように、立派なことを重ねる。

手紙での使用例

「ご臨席賜り錦上花を添えていただきたく」

● **夜を日に継ぐ**

昼も夜も休まずつづけて物事をする。

手紙での使用例

「夜を日に継いで働きました」

● **高嶺の花**

ただ見ているばかりで、手に取ることのできないもののたとえ。憧れの存在をいう。

（×高値の花ではありません）

手紙での使用例

「私達には高嶺の花の高級品」

● **身を粉《こ》にする**

労苦をいとわず尽力する。身を砕く。

（×身をこなにするとはいいません）

手紙での使用例

「身を粉にして働いたおかげで」

● **的を射る**

的確なこと。

（×的を得るとはいいません）

手紙での使用例

「的を射たご発言と感心しました」

Part5

依頼の手紙

実例で解説する

依頼の手紙書き方のコツ

日常の中で、人にものを頼むことは多々あります。双方にとって有益な頼みごと、簡単な仲介、気詰まりな頼みごとなどいろいろな場合がありますが、大切なのは印象のよい手紙にすることです。

前文

拝啓　寒さ厳しき折、ご健勝のことと存じます。
日頃は何かとお世話になり厚く御礼申し上げます。
本日はお願いがあり、お手紙を差し上げました。

主文

実は、現在、わが家の改築を計画しており、建築業者を探しております。大きな工事ではありませんが、できることなら、丁寧な仕事をしてくれる業者さんに手がけてもらいたいと考えています。二、三社あたりましたが、こちらの希望に沿ってくれるところはありませんでした。
ついては、かねがねあなたから○○工務店さんが優秀

●前文

緊急の依頼以外は、頼みごとですから、あらたまった書き出しにします。急いでいるときは前略のあとにすぐ、「お願いの儀があり、…」と、用件に入ると思いが伝わります。

●主文

主文では、まず冒頭で依頼の手紙であることを伝えます。「この度は、お願いの儀があり…」「突然ですが、本日は○○についてお願いのお手紙を…」などと書き出します。そして、次に「実は…」と、頼むべきできごとの詳細な経緯を述べます。ポイントは、「どんな力添えを必要としているか」「何が必要か」「なぜあなたに依頼するか」を相手に伝えることです。

で、社長さんともご懇意であることを伺っておりましたので、ここはぜひご紹介いただきたく、急ぎご連絡申し上げる次第です。ご多用のところ大変勝手ですが、来月末には着工したいと考えておりますので、何卒よろしくお取り次ぎのほどお願いいたします。

末文

まずは、取り急ぎ書中にてお願い申し上げます。

敬具

後付け

平成○○年○月○日

渡辺滋雄

金子健次郎様

借金など深刻な依頼ごとをする場合は、「いかに勝手なお願いであるか」「どれほど急いでいるか」を無礼のないように説明します。

最後に協力を仰ぐため、相手への敬意を表して文を結びます。

●末文

最後にもう一度お願いしたい旨を書き添えて手紙の終わりとします。

●その他のポイント

依頼の手紙は、相手との上下関係や親しさの度合いによって、また依頼の内容の深刻度によって言葉を選びます。依頼はおおむね相手との人間関係に依存していますが、

①卑屈になりすぎない

②都合の悪いことを隠さない

が、相手に信頼感を与え、受け入れてもらえるポイントです。

借金の「依頼」

▼親戚に借金を依頼する

叔父さん、お元気ですか。ご無沙汰しており申し訳ございません。今日は、ご無礼を承知で、手紙を書かせていただきます。実は、事情があって勤めを辞め、転職先を探してきましたが思うにまかせず、ついには生活費に窮する事態に至ってしまいました。もはや叔父さんにおすがりするほか、手だてがありません。厚かましいお願いですが○○万円ほどご用立ていただけないものか、恥を忍んでお願いする次第です。お借りいたしましたものは、必ずお返しします。本来お伺いしてお願いすべきことですが、勝手ながら振込先を左記に書かせていただきました。どうぞ、窮状をお察しいただき、お聞き届けくださるようお願いいたします。

○○拝

手紙で唐突なお願いをする失礼を許してください。友達にこのようなことを頼む自分を恥じながら、この手紙を書いています。実は私のささやかな商売も、この不況で少なからずダメージを受けており、資金繰りが苦しくなってきました。ついては、○ヶ月間のつなぎ資金として○○万円ほど、拝借できませんか。売掛金の回収が遅れているためで、間違いなく返済できるお金です。お聞き届けいただけるようなら、しかるべき証書を用意してお伺いさせていただきます。不甲斐ない友人をもって迷惑でしょうが、どうかご援助くださるよう伏してお願い致します。

○○拝

ワンポイント
事情をありのままに伝え、相手に助力を依頼します。返すあてがある場合は、返済の方法や期日を明記する方が誠意が伝わります。

借金の連帯保証人を依頼する

拝啓　ご無沙汰いたしておりますが、お元気でお過ごしのことと拝察いたします。さて、本日はお願いがございまして、お便りを差し上げました。私、かねて念願の店を開店すべく準備を進めておりますが、銀行より融資を受けるにあたり、債務保証人が必要となりました。つきましては、○○様のお名前を拝借させていただきたく、ご連絡申し上げた次第です。あくまでも、書面上ということで、誓って、金銭面のご迷惑をおかけすることはいたしません。ご承諾いただけましたら、必要書類と今後の事業計画をもってご挨拶に伺いたいと思っております。何卒、よいお返事をいただけますよう、まずは書中を以てお願い申し上げます。

敬具

言いかえのための表現

前文　拝啓　○○の候、益々ご盛栄のこととお喜び申し上げます。突然で恐縮ですが、折り入ってお願いがございます。

主文　右のような事情から保証人が必要となり、つきましては○○様にお引き受けいただければ幸いに存じ、失礼も顧みずお願い申し上げる次第です。

・月額○○円の返済ですので、決して貴方様にご迷惑をおかけすることはございません。

とっておきの表現

- 日頃のご厚情に甘えるようで恐縮ですが、何卒ご高配のほど、お願い申し上げます。
- 私の友人の中で、銀行の条件を満たす方は、○○様しかいらっしゃいません。
- 生涯でただ一度の無理をお聞き届けください。

借用の「依頼」

▼個人的に借用する

女性文例

拝啓　初夏の陽射しがまぶしい今日この頃、おすこやかにお過ごしのことと思います。以前、あなたの別荘にご招待いただいた折、いつでも使ってと言ってくださったお言葉に甘え、今日は無遠慮なお願いをします。もし、ご都合がよろしければ、○月○日から○日間、別荘を拝借できませんか。ごく親しい友人数人とともに滞在させていただければと考えています。拝借にあたっては、調度品などに注意し、決してご迷惑をかけないようにいたします。よいお返事をいただければこの上ない幸せです。来週にもお電話でご返事を伺いたく、まずはお手紙でお願いさせていただきます。

敬具

ワンポイント

「借用の対象物が何か」、「借用したい理由と使途」、「対象物を使用する期間および返却の予定」が必須項目です。これらを明記した上で、後日こちらから諾否確認の連絡をする旨を書き添えます。

言いかえのための表現

前文 大変ぶしつけなことで恐縮ですが、本日はお願いがあり、ご連絡させていただきました。

主文 お兄さん愛用のビデオを一日お借りできないでしょうか。

・この夏家族での旅行を計画しております。以前あなたが貸してもいいと言ってくださった言葉を思い出し、この折にお車を拝借できないかと、お願いする次第です。もしご家族で使われるご予定がないようでしたら、数日間の拝借をお願いできませんか。

ビジネスで借用する

拝啓　突然お手紙を差し上げるご無礼をお許しください。私は、○○会社○○部○○○と申します。
明年、弊社は創立五十年を迎えますが、私は記念事業としての社史編集に携わっております。つきましては、当社が○○関係の事業にかかわっておりました○○年頃の資料が不足しております。各方面にお願いいして探しておりましたところ、先日、貴殿が詳細な記録を保有しておられることを伺いました。大変勝手でございますが、是非とも当時の記録資料を拝借させていただきたく、ここにお願い申し上げます。記載につきましては、間違いのないよう充分配慮いたしますので、ご協力賜りますようお願い申し上げます。諾否のご返事を伺いに、○日頃、私よりご連絡を差し上げます。まずは取り急ぎ書面にてご意向をお伺い申し上げます。

敬具

拝啓　時下ますますご清栄のことと拝察致します。さて、当団体では○○の会を、○○市○○町にて開催することとなりました。期日は○月○日○曜日、参加者は○○名の予定です。これにあたり適当な会場を探してまいりましたが、公の会場はすべて予約がつまっており使用ができません。つきましては、貴社が同町に講堂をお持ちと伺い、是非拝借させていただきたくご連絡申し上げる次第です。ご承諾いただける場合は、詳細のご相談にお伺いさせていただきます。何卒よろしくお願い申し上げます。

敬具

言いかえのための表現

前文 平素は一方ならぬご高配を賜り、誠に有難うございます。

主文 つきましては○○の借用をお願い申し上げます。何卒趣旨をご理解いただき、ご協力賜りますようお願い申し上げます。

催促の手紙

▼借金を返して欲しい

前略　お元気のことと思います。
○月○日ご用立てした金○○萬円につき、お約束の返済期限が既に過ぎております。いろいろご事情がおありとは存じますが、当方にとりましても少額とはいえない金額でございます。速やかにご返済くださるようお願い申し上げます。
尚、行き違いにご送金いただいていましたら、何卒ご容赦ください。
草々

ワンポイント
あまり相手を強く責めず、返済の意思を促します。物いりで返済をあてにしているなど、自身の事情を書き添え、返済予定の連絡を待つかたちの文章にしてもいいでしょう。

言いかえのための表現

末文 早速ご返事くださいますよう、お待ちしております。
・早々のご回答をお願いします。

急啓　ご用立て金返済の件につき、再度ご連絡申し上げます。○月○日付の手紙にてご返済をお願いしましたが、○日余りが経過した今、何のご返事もいただけません。どのようなご事情がおありか、まずはご連絡だけでもいただきたいと思います。お返事お待ちしております。
草々

▼借金を返して欲しい（厳しく）

前略　ご用立て金の件について、二度にわたりご連絡をいたしましたが、ご回答がないのは、どういうことでしょうか。お付き合いの長い○○さんだからこそ、お人柄を信じて工面したお金です。しかるべきご説明をいただくのが筋かと思います。この上は、早急にご返済をお願いします。

取り急ぎ用件のみにて失礼いたします。

草々

とっておきの表現

- 再三の催促にご返事すらいただけず、当方としても大変困惑しております。
- ない袖振れぬはお互い様。あなたとは長いお付き合いです。どうか本音のところを早々にお聞かせください。
- あなたの誠意を信じ、ご回答を心からお待ちしています。

前略　大変残念なことに、ご用立て金について何度ご連絡しても、いかなるご返事もいただけないようです。ご窮状をお察しするあまり、当方も無理をして融通させていただいたので、これ以上お待ちする訳にはまいりません。今後、ご回答のない場合は法的処置をとらざるを得ませんので、ご承知おきください。用件のみにて。

草々

▼物を返して欲しい

前略　先日、お貸しいたしました機器につき、ご返却のお願いを申し上げます。

当初、約三ヶ月後のご返却というお約束でお貸ししたと思いますが、期日を過ぎた今、ご返却いただいておりません。実は当方において急きょ使用するべき事態が発生しておりますので、ひとまずお返しください。

再度お貸し出しすることは可能ですので、何卒よろしくお願い申し上げます。

草々

前略　平素は弊社ライブラリーをご利用くださいまして、ありがとうございます。

さて、過日お貸し出しいたしました資料につきまして、返却予定期日の○月○日を経過いたしましたが、本日現在、未返却となっております。期日延期につきましては、書面での手続きが必要となりますので、ご一報くださいますよう、お願い申し上げます。

なお、行き違いがございましたら、ご容赦くださいませ。

草々

言いかえのための表現

主文 お貸ししたビデオテープはお楽しみいただけましたか。実は○○さんから、ぜひ観たいとの申し出があり、早々にご返却いただければと思っています。返却予定を取り急ぎお知らせください。

末文 もし今しばらく必要ということでしたら、ご一報ください。

▼物を返して欲しい（厳しく）

女性文例

重ねて申し上げます。
過日ご連絡いたしました○○のご返却についてのご返事はいかがでしょうか。お忘れではないかと、再度ご連絡申し上げる次第です。ご多用でお持ちいただけないのでしたら、郵送あるいは宅配便でお送りいただいてもかまいません。
当方にとっては必要なものですので、その点ご配慮いただき、即刻ご返却くださるようお願いいたします。

かしこ

言いかえのための表現

前文 再度ご連絡申し上げます。

主文 再三ご連絡申し上げました○○返却の件ですが、いまだご返却が確認できずにおります。

末文 事情をお察しいただき、早々のご返却を切にお願い申し上げます。

とっておきの表現

- 私どもにとっても大切な品物ですので、もしや郵便事故ではと、大変心配しております。どうか早速のご連絡をお願いいたします。
- 再三の催促につき恐縮ですが、近日当方でも使用予定がございます。どうかこちらの事情もご配慮いただき、至急のご返却をお願い申し上げます。
- お忙しいことと思いますので、こちらから業者を派遣し集荷させますので、ご用意ください。

● e内容証明作成の流れ

❶利用代金

ｅ内容証明サービスを利用の際は、事前に利用者登録を行い、利用者IDを取得します。その際、利用料金の決済方法（クレジットカード決済・料金後納等）を選択します。決済方法により、後の登録作業の流れが異なります。

❷受付および所要時間

インターネット上で、24時間受け付けられます。現行の内容証明は、郵便局窓口で職員によって内容証明文書３部（謄本２通、原本１通）の確認が行われるため受付時に多少時間がかかりますが、電子内容証明サービスでは受付後に自動的に３部作成・処理されます。

❸原本、謄本の動き

差し出された電子内容証明文書はシステム内で受取人宛の原本ならびに、差出人宛の謄本も自動で印刷・封入封かんし郵送されます。宛名は自動作成し、封筒はシステムで用意されたものを使用するため必要ありません。また、差出人の印も不要です。

❹書き方

現行の内容証明の規定、文字数（１行20文字／１枚26行等）および文字制限は、ｅ内容証明サービスでは緩和されています。従来の内容証明３枚分の文字数をｅ内容証明文書１枚分に記載できます。一般に用いられるJIS第１、第２水準の文字も使用可能で、最大５枚までの文書を作成できます。ただし余白、最小文字ポイント、最大ページ数の規定があります。さらに事前に指定されたCSV形式の受取人データファイルを作成しておけば、受取人データ入力の手間を省くことができます。

❺同一文書を複数宛先へ差し出す場合

複数の受取人宛に同一の電子内容証明文書を差し出せます。また、同報機能を使用した場合、２通目以降の内容証明料金が減額されます。（注：謄本は同報機能に対して１通のみ発行されます）

❻一括差出、謄本一括返送

複数の電子内容証明郵便を作成し、差出時には複数まとめて送信できます。複数の電子内容証明文書を同時に差し出した場合は各々の謄本を１つの郵便物にまとめて返送するよう指定できます。（注：謄本一括返送は、同時に複数差し出した内容証明のすべての差出人が同一の場合に、指定可能です）

＊電子内容証明サービス＜https://enaiyo.post.japanpost.jp/mpt/＞より抜粋し要約しました。詳しくは上記のホームページか、お近くの郵便局でお尋ねください。

内容証明郵便の出し方

内容証明とは

内容証明郵便は、郵便物の文書の内容を郵便局から証明してもらうものです。これによって、いつ、誰が、誰に、どういう内容の文書を送ったかの証明ができます。用意した文書は、郵便局員が日時などを記載、押印し、1通は郵便局で保管、1通は郵便局から受取人に送られ、残り1通が差出人の手元に残ります。

現行の内容証明の手続きと書き方

❶受付場所

内容証明郵便は、主に本局か指定郵便局で受け付けています。

❷用紙

内容証明郵便の用紙は基本的に自由なので、字数・行数に注意して罫紙などに書くこともできますし、パソコンの使用も可能です。文具店等で用紙が売られているので、それを利用すると便利です。

縦書きの場合	1行20字以内	1枚26行以内
横書きの場合	1行13字以内	1枚40行以内
または、	1行20字以内	1枚26行以内
	1行26字以内	1枚20行以内

❸文字の制限

外国語は固有名詞に限る。使用できる文字は、かな、漢字、数字。句読点、括弧も1字として計算されます。また、氏名や会社名等の固有名詞に限り、英字が使用可。括弧、句読点その他一般的記号も使用可。謄本が2枚以上になる場合、綴目に契印（割印）を押します。間違えた箇所は、塗りつぶさず二本線で削除し、縦書きの場合はその行の真上の余白に、横書きの場合は真横に、「挿入○○字、削除ＸＸ字」と書いて訂正印を押します。書き加えるときも同様で、末尾の余白に記載することもできます。

❹注意事項

同文の文書を3通。受取人、差出人記載の封筒。印鑑を忘れずに。料金は、内容証明料、配達証明料、書留料、通常郵便物料金の合計です。

インターネット利用の内容証明

e内容証明とは

インターネットが普及した現在、e内容証明という手段もあります。ただし、パソコン環境に制限がありますので、日本郵政のホームページで確認してください。利用の仕方は以下の通りです。

さまざまな「依頼」

▼身元保証人を依頼する

女性文例

晩冬の候、庭の土が心なしかやわらかく感じられるようになりました。叔父様、叔母様、お元気にお過ごしのことと存じます。さて、この度長女○○が私立○○学園大学に入学、女子学生寮に入寮するにあたり、父母のほかに都内在住の身元保証人が必要となりました。突然のお願いで恐れ入りますが、叔父様にお名前をお借りできればとお願いの手紙を差し上げた次第です。○○はご承知のような子ですので、決してご迷惑をおかけするようなことはございません。どうぞ、わがままをお聞き届けいただき、ご承諾くださいませ。ご承知いただけましたら、書類を持たせ娘を伺わせますので、よろしくお願いいたします。右、取り急ぎお願いまで。

かしこ

拝啓　早春の候、皆様にはお元気でお過ごしですか。
すっかりご無沙汰しているのに恐縮なのですが、今日はお願いがあり、お便りしました。長男が今春、東京の大学へ進学します。そこで部屋を賃借するにあたり、都内在住の身元保証人が必要とのこと。お名前を拝借できればありがたいのですが、引き受けていただけますでしょうか。直接息子をご挨拶に伺わせますので、どうぞよろしくお願いいたします。

敬具

ワンポイント

依頼する用件を明確にし、理解と協力を求めます。相手になんらかの世話をかける事柄ですから、その点を充分承知している旨を書き添え、お願いする事情・心情を伝えます。

言いかえのための表現

主文 ぶしつけなお願いで恐れ入りますが…

拝啓　初冬の候、ますますご清祥のことと拝察申し上げます。
本日は、長男○○のことでお願いがございます。息子は来春○○大学を卒業予定で、東京の○○株式会社に入社が決まっております。入社にあたっては、東京在住の身元保証人が必要とのことでございます。そこで、長年親しくしていただいている○○さんに保証人をお引き受け願えないものか、お伺いする次第でございます。息子には、入社後、ご迷惑をおかけするようなことのないよう、厳しく申し渡しました。本人も○○さんのお名前を汚すことは決してないと誓っております。ご承諾いただければ幸甚に存じますが、社会人としての責任を自覚させるため、ご都合を伺った上で、息子をご挨拶かたがたお願いに上がらせたく存じます。ご多用のところ恐れ入りますが、何卒、よろしくお願い申し上げます。

敬具

言いかえのための表現

前文 拝啓　吹く風いまだ冷たい今日この頃、皆様いかがお過ごしでしょうか。本日は息子のことでお願いがあります。

・前略　桜の開花を待ちわびる季節となりました。本日はお願い事がありペンをとりました。

とっておきの表現

■日頃のご厚意に重ねて甘えるようで恐縮ですが、私どもには御地に他に頼れる知人もなく、○○様にお願い申し上げる次第です。

旅先での世話を依頼する

女性文例

新年早々各地で雪の便りが聞かれます。ご無沙汰いたしておりますが、いかがお過ごしでしょうか。
さて、来月○日より○日間の予定で、主人と御地に旅行の予定をたてております。つきましては、久々にお顔も拝見したく、お時間の許す間だけで結構ですので、お付き合いいただけませんか。お会いできればこの上ない幸せです。主人からもくれぐれもよろしくと申しております。
追って、お電話申し上げますので、ご都合をお聞かせくださいませ。

かしこ

一月八日

小原喜美子

前田志保様

拝啓　ご無沙汰しています。あなたが転居されたのは一昨年のことでしたから、もう一年以上会っていませんね。
実は来月の7日から3日間の予定で、あなたの住む新潟へ旅行の予定を組んでいます。宿泊先は○○ホテルですから、確か近くでしたよね。もしお時間を都合していただけるようでしたら、滞在中にお目にかかれれば嬉しいのですが。近日お電話いたしますので、ご都合をお聞かせください。

敬具

言いかえのための表現

前文 お久しぶりでございます。ご家族の皆様には、お変わりございませんか。

主文 来月、お近くに伺う予定がございます。○日から○日間の滞在予定ですが、一日でもご一緒させていただければと考えております。久しぶりに一献、いかがですか。

▼宿泊させて欲しい

はがき

ご家族皆様、お元気ですか。今日はお願いがあって、お便りいたしました。今月○日、御地で○○の研修会があり出張することになりました。早くから宿泊予約を入れておけばよかったのですが、取り紛れるうち、ホテルはすべて満室となってしまいました。つきましては、前日の夜一晩だけお宅に泊めていただけませんでしょうか。突然、厚かましいお願いで申し訳ありません。追ってお電話差し上げますが、取り急ぎお伺いまで。

○○拝

残暑厳しい中、いかがお過ごしですか。実は厚かましいお願いなのですが、○月○日、お宅に泊めていただけませんでしょうか。当日、都内の○○会館で行われる催しを観覧予定なのですが、時節柄か、近隣の宿泊施設はどこも満室で、宿泊先が決まらず困っています。極力ご迷惑をかけないよう努めますので、どうかよろしくお願いします。追ってご都合お伺いの電話をいたします。

敬具

とっておきの表現

■相変わらず厚かましいな、とお思いのことでしょう。泊めていただくからには、一宿一飯の恩義を忘れません。ご奉公させていただきますので、何とぞよろしくご配慮くださいませ。

■物で釣ろうという訳ではありませんが、あなたの好きな○○、必ず持参します。

▼親を預かって欲しい

女性文例

○子さん、ご無沙汰しています。

ご承知のように、お義父さんも○○歳になってから、めっきり衰えてきました。大きな病気をするほどではないものの、食も細くなり、目が離せません。この度、私が一週間ほど実家に帰らなければならないことになりました。これまでは、どのようなことがあっても長く家を空けることは避けてきましたが、今度ばかりはそうもいかないのです。主人と子供にまかせるわけにもいかず、悩んだ末のお願いです。一週間、お義父さんを預かっていただけませんか。

お義父さんにとっても気分転換になるのではないかと思います。いろいろご都合もあるでしょうが、どうかよろしくお願いいします。勝手を言ってごめんなさい。

改めてご連絡しますが、取り急ぎお願いまで。

かしこ

お元気ですか。さて、今日は折り入って○子さんにお願いがあります。実はお義父さんが倒れてからというもの、子供にも我慢を強いてきましたから、今年の夏はどこかへ連れて行ってやりたいと思っているのです。もし○子さんがお義父さんを数日みていてくだされば、旅行を実現させることができるのですが、何とかお願いできませんでしょうか。改めてご連絡しますが、急ぎお伺いいたします。

敬具

言いかえのための表現

前文 お元気ですか、○○ちゃんもいよいよ高校生ですね。子供の成長は早いものです。このところお義母さんは・・・

主文 勝手なお願いと承知していますが、やむを得ない事情とお察しいただき、お引き受けいただければと存じます。どうかよろしくお願いします。

▼親の介護を依頼する

前略　折り入って今日は相談があります。お母さんのことですが、知ってのようにかなり前から認知症が進み、徘徊も頻繁です。わが家はすべてがお母さん中心の生活にならざるを得ず、正直、みな疲れ果てています。このままでは、共倒れになってしまうおそれもあるので、このあたりできょうだいに協力してもらいたいと思い、これを書いています。持ち回りといってはお母さんに気の毒ですが、きょうだいで交代に介護することに賛成してほしいのです。それぞれに、家庭の都合もあるだろうけれど、実の親のことですから、どうか力を貸してください。改めて、皆で相談する機会を設けますから、その時はよろしく。まずは書中にてお願いまで。　草々

言いかえのための表現

主文 正直、我々は疲れ果てており、家内ばかりに負担をかけるのもいかがなものかと考えています。私立の施設へとも考えましたが、こういうことは兄弟姉妹でまず、きちんと話し合うべきことだと思います。

末文 近々きょうだいで話し合いの機会を持ちたいと思っています。追って連絡しますので、君もまず、○子さんとよく話し合っておいてください。まずは書中にてお願いいたします。

とっておきの表現

- 大切なお母さんの幸福を、もう一度私たちきょうだいでよく話し合ってみませんか。
- 私たちの状況は、数日泊まっていただければわかります。決して母への愛情がないのではありません。愛しているからこその決断です。ご検討ください。

就職の「依頼」

▼企業に送る自薦状

拝啓　貴社益々ご盛栄のこととお慶び申し上げます。

突然このようなお手紙を差し上げるご無礼をご容赦ください。

私は○○○○と申します。同封の経歴書の通り、○○大学卒業後、米国○○大学へ留学、帰国後○○商事株式会社に入社し、○○分野一筋に○年勤務し、現在に至っております。

今般、あらたな職場で自分の能力をさらに活かしたいと考え、是非貴社の○○部門で働かせていただきたく、自薦のお手紙をお送りする次第です。これまでの私の経歴から、必ずや貴社のために貢献できると自負しております。

何卒、ご引見賜りますようお願い申し上げます。

敬具

拝啓　貴社におかれましては、益々ご盛栄のこととお慶び申し上げます。私は○○○○と申します。同封いたしました経歴書の通り、○○大学○○学部に学び、同大学院にて研究を続けてまいりましたが、職を求めるに至り、研究の成果を活かせる職場をと強く願っております。ご採用いただけた暁には、必ず貴社のお役に立てるよう精進してまいる所存でおります。ぜひ一度ご面談くださいますよう、お願い申し上げます。
敬具

ワンポイント

紹介・推薦する人物の人柄、略歴（詳細な経歴は別添します）を明記し、紹介（推薦）を受けた理由や入社したいと思った動機などを明らかにします。好印象をねらって、極端にこびるような表現をしないよう、充分留意してください。

▼知人の企業に人を紹介する

拝啓　貴社益々ご隆盛のこととお慶び申し上げます。

貴君には、常日頃ご厚配いただき感謝しております。

さて、本日は、ある人材をご紹介したく、ご連絡いたします。○○○○君と申しますが、別添の履歴書をご覧いただければおわかりのように、まことに有能で、経歴も、人格的にも申し分のない人物です。

かねて、貴社で○○関係の優秀な人材を探しておられたことを思い出し、転職を希望している○○君をご推薦申し上げる次第です。ご多用かと存じますが、ぜひ一度ご面談いただきますようお願い申し上げます。

敬具

拝啓　貴社には益々ご盛栄のこととお慶び申し上げます。さて、先般よりご相談いただいておりました人材の件ですが、適任者がみつかりましたので早速ご連絡させていただきます。現在○○社に籍をおく○○○○君という青年ですが、現職もそちらの希望する開発職であり、技量、人格ともに申し分ない人物です。折しも本人が転職を希望しており、願ってもない好機かと存じます。同封の履歴書にて詳細をご確認、ご検討いただき、ご連絡をくださいますようお願い申し上げます。

敬具

とっておきの表現

- この度ご紹介する○○君は、昨今まれにみる好人物であり、貴社の求める営業手腕にも抜きん出ております。
- ○○君はねばりと柔軟性をかね備えた人物であり、貴社の社風にも適合する人材であると確信しております。

▼知人に転職の世話を依頼する

拝啓　日頃は公私にわたりご指導いただき感謝申し上げます。本日は、さらにそのご高誼に甘え、私の転職のご相談をいたします。現在の職場は、近々、同業他社との合併統合により大幅な機構改革が行われる見込みです。そこで、この機会に転職したいと考え、現在自分なりに新しい道を模索しております。つきましては、かねがね○○様は○○関連の分野の事情にお詳しいと伺っておりましたので、お手紙を差し上げた次第です。勝手ながら、同封の経歴書をご検討いただき、忌憚のないご意見をお聞かせくださいますようお願い申し上げます。

敬具

拝啓　暑さ厳しき折柄、いかがお過ごしでいらっしゃいましょうか。本日は差し迫ったお願いでお便り申し上げます。実は、私の勤務先がこの度業績不振で人員削減を行うことになり、残念ながら私もその対象に入ることになりました。ついては、家族のためにも早急に転職先を探さねばならず、八方手を尽くして求職いたしておりますが、この情勢下思うようにはまいりません。この上は、○○様にお頼りするほかなく、就職先のご紹介をお願い申し上げる次第でございます。履歴書を同封させていただきますが、職種等のぜいたくは申しません。いかなる仕事も厭いませんので、何卒ご高配くださいますよう伏してお願い申し上げます。

敬具

▼身内の就職を依頼する

女性文例

涼秋の候、ご壮健にお過ごしのこととお慶び申し上げます。本日は、愚息のことでお願いのお手紙を差し上げます。長男○○は○○大学を来春卒業の見込みですが、いまだ就職が決まっておりません。同封の成績証明書をご覧いただければ納得いただけると存じますが、成績は常に上位を保ってまいりました。技術系の研究部門への就職を望んでおりまして、一旦入社を果たせば必ず力を発揮するものと思います。親がこのようなことをお願いするのも、誠にお恥ずかしい限りですが、お力添え賜り就職先をご紹介いただきますよう、何卒お願い申し上げます。

かしこ

言いかえのための表現

前文 平素は家族ともどもお世話になりまして、心より感謝申し上げます。

末文 ご多忙中恐縮ですが、近日中にご返事賜りますようお願い申し上げます。

とっておきの表現

- ご承引いただければ、本人を同伴いたしまして参上し、まずは○○さんに吟味いただきます。
- この業界では知らぬ人はない○○様に、おすがりするほかございません。何卒、何卒ご承諾いただきたく、伏してお願い申し上げます。

縁談の「依頼」

▼知人に息子の縁談の世話を頼む

女性文例

このところ、ひときわ冷え込む日々が続きますが、お健やかにお過ごしでいらっしゃいますか。本日は、息子についてのお願いを申し上げます。ご承知のように、長男○○は、明年で二十九歳になりますが、仕事が楽しいらしく、結婚に関してはのんきに構えております。ついては、お顔の広い○○様に、ぜひ縁談のお世話をお願い申し上げたく存じます。お忙しい方にこのようなお願いをいたしまして申し訳ありませんが、何卒よしなにお願い申し上げます。

かしこ

拝啓　○○の候、皆様にはご壮健のこととお慶び申し上げます。さて、本日は私どもの長男のことでご相談がございます。本年で○歳となりましたが、いまだご縁に恵まれずにおります。親が言うのもお恥ずかしいのですが、○○は非常に真面目な男です。それゆえか、女性と親しくさせていただく機会が少ないようで、家内と二人、将来を案じておる次第です。つきましては、○○様にお心当たりがあれば、縁談のお世話をお願いしたいと存じ、お便り申し上げた次第です。お引き受けいただけますようでしたら、改めて履歴書など持参し、お願いに参ります。まずは右お願いまで。

敬具

ワンポイント　誰の縁談をお世話願いたいのかを明記し、依頼するに至った事情を説明します。履歴書と写真は手紙に同封するか後日持参してもいいでしょう。

知人に娘の縁談の世話を頼む

謹啓　桜も見頃になってまいりました。ご健勝にお過ごしのことと拝察いたします。本日は娘の縁談について、ご相談させていただきます。長女○○は、満○○歳になりますのに、結婚話の気配すらございません。このままでは、婚期を逃してしまうのではと心配いたしております。そこでお願いでございますが、どなたかお心当たりの方がおいでしたら、ご縁談をお世話いただきたく存じます。お忙しいなか、恐縮ですが、同封にて写真と履歴書をお送りしますので、何とぞお力添えを賜りますようお願い申し上げます。いずれ拝眉の折、あらためてご挨拶させていただきますが、まずは取り急ぎ、寸楮を以てお願い申し上げます。

謹白

拝啓　○○の候、○○様にはお健やかにお過ごしのことと存じます。本日は明けて満○歳になる娘○○の縁談についてのお願いを申し上げます。○○様にお心当たりの方をご紹介いただければ幸いに存じ、お願い申し上げる次第です。ご多用のところ恐縮ですが、娘の履歴書と写真を同封させていただきますので、何とぞご配慮賜りますようお願い申し上げます。まずは書中を以てお願い申し上げます。

敬具

とっておきの表現

■○○様はいくつものご良縁を取り持っておられると伺っておりますので、ぜひにもお力添え賜りたく、お願い申し上げます。

■よい方がおいででしたら、ぜひお引き合わせをお願いいたしたく、お便り申し上げました次第です。

▼友人の縁談の世話を頼む

女性文例

○○さん、お元気ですか。

あなたの人脈を頼って、お骨折りをお願いします。同封の履歴書の○○○○さんは、私の友人で、○○歳の今、独身です。お仕事は順調で、ご家族はご覧のような構成ですが、どなたかよい方をお世話くださいませんか。

私もかねがね心掛けてまいりましたものの、なかなかお似合いの方がみつからず、あなただったらとお便りしたようなわけです。人柄については私が保証しますので、一肌脱いでいただきたく、どうぞよろしくお願いいたします。

かしこ

○○先輩、お元気ですか。本日はたってのお願いでお手紙差し上げました。同封の履歴書の○○○○さんは私の友人です。これまでご縁がなく、いまだ伴侶となるべき人に巡り会わずにおり、どなたかよい方がいればと相談を受けました。お顔の広い先輩なら、ぴったりのお相手をご紹介いただけるのではないかと思い、おすがりする次第です。改めてご連絡差し上げますので、ご検討よろしくお願い申し上げます。

○○

言いかえのための表現

主文 人柄は大変によいのですがご縁に恵まれず、いまだ独り身なものので、ぜひよい方をお世話してあげたいのですが、ご協力をお願いできませんでしょうか。

末文 突然に失礼かとは思いましたが、交遊の広いあなたならばと、お便りいたしました。

再婚の世話を頼む

ご無沙汰しています。

ほかならぬ君にお願いの儀があります。ご承知のように、私が独り者になって以来すでに五年がたちます。結婚はもういいと心に決めたつもりでしたが、ここにきてやはりともに歩んでくれる伴侶がほしいと思うようになりました。今さらと思うでしょうが、私のような者でも良いと言ってくれる人がいたらうれしい。

勝手な頼みで申し訳ないが、心掛けておいてくだされば幸いです。

敬具

とっておきの表現

- 私が独りになった事情をよくご存じのあなたにお願いできれば、これ以上に心強いことはありません。
- 私というより、娘が望んだこと。そのあたりをお察しいただき、どなたかよい方をご紹介いただければ、ありがたく存じます。
- 過去に一度しくじっていますので、迷ったのですが、○○さんへの想いは募るいっぽうです。お願いです。橋渡しをしてください。

仕事上の「依頼」

取引先の紹介を依頼する

拝啓　時下ますますご清栄のこととお慶び申し上げます。
日頃は格段のご高配を賜り厚く御礼申し上げます。本日は、お取引に関するお願いでご連絡させていただきました。
御社の関連会社○○株式会社は○○分野におけるリーダーカンパニーとしてつとに有名でございます。つきましては、この度、是非とも○○株式会社とお取引をさせていただきたく、御社よりご紹介の労をお取りいただければ、誠に幸甚に存じます。来週にもあらためてお願いかたがたご挨拶に参上いたしますが、取り急ぎ書中にてお願い申し上げる次第でございます。

敬具

ワンポイント

まず日頃の引き立てに謝辞を述べ、主題に入ります。紹介を依頼する対象と理由を明確にし、後日参上する意思のある旨を添えます。

言いかえのための表現

末文 改めまして担当者同伴にてご挨拶に伺います。取り急ぎ書中にてお願い申し上げます失礼、ご容赦ください。

拝啓　御社におかれましてはますますご隆盛のこととお慶び申し上げます。
さて、今般弊社では、新規事業として○○の開発に着手いたします。つきましては、御社関連会社の○○社とお取引をさせていただきたく、ご紹介のお取りはからいをお願い申し上げたく存じます。改めてご挨拶に参上しますが、取り急ぎ書中にてお願い申し上げます。

敬具

拝啓　貴社ますますご清栄のこととお慶び申し上げます。さて、突然ご連絡を差し上げるご無礼をお許しください。今般、弊社では自社特許による製品○○を開発いたしました。試作品も完成し、市場に出すべくあらゆる品質管理上のテストも完了いたしております。つきましては、当社には販売網がなく、強力な販売網を持つ御社に当製品をお取り扱い願えないものか、お伺いする次第でございます。別紙に当社概要ならびに製品仕様その他詳細を記しましたが、まずは一度ご面談賜り、ご説明させていただきたく存じます。製品につきましては、他社がいまだ手がけていないもので、絶大の自信をもっております。必ずや、御社にも貢献することと自負いたしております。何卒、ご面談の機会をお与えいただきたく、ここにお願い申し上げます。

敬具

前略　日頃は大変お世話になっております。この度当社での新規開発にあたり、○○部品のメーカーを探しています。つきましては、どちらかよい業者さんをご紹介いただけないでしょうか。御社の仕入先で、ご推薦いただける会社があれば、是非お引き合わせください。急いでおりますので、ご連絡いただければ、直ちに参上します。右、取り急ぎお願いまで。

草々

言いかえのための表現

前文　前略　平素より格別のご高配を賜り厚く感謝申し上げます。

主文　かねて○○社さんの販売力には注目いたしておりました。

・○社様に、ご協力いただけることになれば、心強い限りでございます。

・シェア拡大の糸口となりましょう。

▼遅れている入金・納品の依頼

拝啓　時下ますますご清栄のことと拝察申し上げます。
さて、○月納入いたしました当社商品のお代金が、先月末現在、未入金となっております。恐れ入りますが、お手元の伝票をお確かめいただき、ご送金のご手配をお願い申し上げます。なお、入れ違いにご手配いただきました場合は、あしからずご容赦くださいますようお願い申し上げます。

敬具

前略　○月○日に発注しました伝票番号○○○の注文品につき、至急ご照会いただきたくご連絡申し上げます。本日現在、貴社より納入がなされておらず、当社といたしましても困窮いたしております。至急ご手配くださるようお願い申し上げます。

草々

言いかえのための表現

主文

○月○日付伝票番号○○○によりご注文いたしました貴社商品○○の納品が、今日現在確認できておりません。

・念のため、伝票のコピーを同封いたします。

・○○が届きませんと業務に支障を来します。

末文

恐れ入りますが、至急出荷のご確認をお願い申し上げます。

▼店の紹介を依頼する

前略　折り入ってお願いがありご連絡します。
来月、当社の米国取引先より役員を招き、新規取引の商談を行うことになりました。この取引は今後の当社の社運をかけたものでもあり、是非とも成功させたいと思っております。ついては、やや改まった会食の場を設けたいのですが、どこか評判のよい店をご紹介いただけませんか。急なことで大変申し訳ないのですが、お顔の広い貴君に相談するのが一番と思いお願いする次第です。追ってこちらからお電話しますので、心掛けておいてください。

草々

取り急ぎお願いの儀あり、ご連絡いたします。この度、我が社の代理店を招いて、代理店フォーラムを行うことになりました。○月○日○○時より○○ホテルにおいて会議を行い、夕刻より懇親会を料亭で行いたいと思っています。つきましては、ホテルに隣接の○○亭をと思い連絡したところ、同店はなかなか格式高く、一見客は受け付けないと言うのです。紹介があればよいとのことで、ここは貴殿のお力にすがるほかないと思った次第です。何卒ご紹介願いたく、よろしくお願い申し上げます。

草々

ミニ知識

■ことわざ・慣用句を使う②

ここに集めたものは、誤用されることが多いものです。意味を知って正しく使いましょう。

●珠玉《しゅぎょく》

美しくすぐれたものをほめていう語。特に、詩や文章にいう。

(×大作には用いません)

手紙での使用例

「珠玉の短編を読ませていただき」

●弥《いや》が上にも

なおその上に。あるがうえにますます。

(×嫌が上にも、否が上にも…無理矢理にという使い方は間違いです)

手紙での使用例

「弥が上にも気勢があがりました」

●青天《せいてん》の霹靂《へきれき》

突然に起こる変動、または急に生じた大事件。青天ににわかに起こる雷の意から。

(×青天は青く澄み切った空のことですが、晴天の霹靂とは言いません)

手紙での使用例

「まさに青天の霹靂でございました」

●そのほかの間違えやすい慣用句

×青田刈り　○青田買い

×一鳥一石　○一朝一夕

×汚名を回復　○汚名を返上

×疑心暗鬼を抱く　○疑心暗鬼を生じる

×口先三寸　○舌先三寸

×口をつく　○口をついて出る

×酒を飲み交わす　○酌み交わす

×食指をそそる　○食欲をそそる

×法外の幸せ　○望外の幸せ

Part6

付録

電子メールの書き方と実例

■電子メールは「切手のない手紙」

友人とのやりとりは手紙や電話より電子メールで、という人が増えています。また、ビジネス上の連絡でも、メール利用は一般的になりました。通信方法が異なるだけであって、電子メールも役割は書簡と同じ。切手や封筒のいらない手紙だと考えてください。心がけるべきマナーも、手紙を書く場合となんら違いはないのです。ただし、メールだからこそ気をつけるべきこともあります。ここでは、メール作成の基本的な注意点を五箇条にまとめています。

■手紙との相違点に留意するメールの心得五箇条

①件名を明確に

相手がメールを取得した時点で得られる情報は、あなたのメールアドレスと件名（タイトル）です。誰から、何の用件で届いたものなのかがわかるよう、明確な件名をつけます。

【例】「こんにちは、○○です」「△△のお願い（○○より）」、「□□様へ。○○より」など。

②書き出しは「挨拶」を

「拝啓」などの頭語や時候のあいさつは不要ですが、最低の礼儀として冒頭に挨拶の言葉をおきます。ビジネスメールで初めての相手に送る場合は、より丁寧な挨拶を心がけ、続いて自己紹介を必ず添えます。

【例】「ご無沙汰しています」、「いつもお世話さまです」、「初めてご連絡させていただきます。私は△△の○○と申します」など。

③用件は短く、わかりやすく

長すぎる文章は禁物です。相手の表示画面にもよりますが、長い文章は、相手に画面をスクロール（上下に動かす）して読ませることになってしまいます。用件を明確に伝える簡潔な文章を心がけましょう。

④改行は「まめに」が基本

メールソフトや使用する機器によって、画面上で表示される一行の字数は異なります。自分が入力する画面では一行におさまる文も、相手の画面では次の行にこぼれる可能性があります。相手の読みやすさを考慮し、一行の字数は三十字程度を上限の目安とし、句読点でこまめに改行するといいでしょう。段落では一行あけると、より読みやすい画面になります。

⑤挨拶と署名で締める

「よろしくお願いします」などの挨拶で完結し、署名します。アドレスや連絡先をまとめた〝署名ファイル〟をおきます。

■友人へ送る電子メールの実例

初めてメールを送る相手なら、挨拶の後に名のります。用件は簡潔に書き、話し言葉でもよいですが、メールはニュアンスが伝わりにくいので、冗談などは「(笑)」を文末に入れます。

宛先　abcdefg@OO.ne.jp
件名　○○夫妻お祝いの会の件

こんにちは。△△です。
先日は「新婚夫婦をひやかす会」のご連絡、
ありがとうございました。

当日ですが、仕事の都合で参加できそうにありません。
恐ろしい会（笑）になりそうなのに、とても残念です。
○○夫妻と皆さんによろしくお伝えください。

皆でお金を出し合ってお祝いを贈る件については、
一口のらせていただきたいので、お手数ですが、
私も頭数に入れてください。
よろしくお願いします。

△△

○○○○
E-mail:hijklmn@OO.or.jp
TEL:000-000-0000

■取引先などへ送る電子メールの実例

会社の個人アドレスへ送付する例です。会社や部課で一本のアドレスしか持たない相手へ送る場合は、件名に宛名を入れます。書類は、添付ファイル形式にし、メール画面では用件のみ伝える方が無難です。

宛先　abcdefg@OO.ne.jp
件名　○○会議議事録（□□社△△部○○）

いつもお世話になっております。
昨日はご多忙のところ、お時間をいただき
ありがとうございました。
議事録を作成いたしましたので、添付させていただきます。ご確認をお願いします。

おかげさまで、本企画の指針も固まりつつあり、一同、いっそう奮起しております。今後もどうかよろしくご指導のほど、お願い申し上げます。
****
□□社△△部　○○○○
E-mail:hijklmn@OO.or.jp
TEL/FAX:000-000-0000
****

祝電の打ち方と実例

■祝福の言葉を簡潔に伝える

お祝いの言葉を、簡潔に素早く相手に伝えられる通信手段が「祝電」です。祝電を打つ機会がもっとも多いのは結婚披露宴ですが、送りたい場所に、送りたい日時に届けられる電報は、そのほかのさまざまなお祝いの場面にも活用できます。

台紙も多様で「おし花電報」「刺しゅう電報」といった華やかなものから、豪華な「うるし電報」までそろっています。

また、キャラクターの人形に持たせた筒に電報を入れて届けてくれるサービスや、アレンジフラワーとともに届ける「フラワー電報」もあります。

費用は、ＮＴＴが設定する、これら台紙などの商品代金に、通信文の文字数により決められた電報料金、消費税が加算された金額となります。

■祝電を申し込むには

電報の申込は、局番なしの「一一五番」にダイヤルします。受付は午前八時から午後一〇時までで、午後一〇時以降翌朝八時までは緊急定文電報など特殊電報だけの受付となります。インターネットなら、二十四時間いつでも申し込めます。

申込時に決めておく事柄は次のとおりです。

一、クレジットカード、または電話料金に加算（要事前申込）かの支払方法
二、送り主の氏名
三、電報の種類（祝電など）と台紙等の種類
四、届ける日時
五、届ける宛先と電話番号、宛名
六、通信文

※次ページの通信文からなら文例番号でも申し込めます。

祝電の文例（抜粋）

【結婚】

1002　お二人の前途を祝し、あわせてご多幸とご発展をお祈りします。

1015　レモンのようにフレッシュで、ビールのようにコクがあり、ジュースのように甘い家庭を、二人で仲良くつくってください。末ながくお幸せに。

1016　愛が、ロマンが、笑いがある。いつも二人で語り合い、ハッピーなマイホームを築いてください。二世誕生を楽しみにしております。

1060　ご結婚おめでとう！これからも「なくてはならない大事な人」として、お互いにいたわり合い、見つめ合ってお暮らしください。

1076　華燭のご盛典を祝しますとともに、お二人の新しい門出にあたり、ご多幸とご健康をお祈りいたします。

1118　ご結婚おめでとうございます。ご招待いただきましたのに、出席できずに申し訳ございません。お二人の未来が素晴らしいものでありますようお祈りいたします。

1222　ご結婚おめでとう。新郎は「私の妻です」を、新婦は「私の夫です」を一〇回ずつマイクに向かってどうぞ。板についたころ新居へおじゃまさせてください。

1224　☆納品書☆　丈夫で長持ち、一生保証付。当社のイチ押し商品にて返品はできません。ご結婚おめでとうございます。

【結婚記念日】

1602　お二人で築いた愛の記念日、おめでとうございます。年輪を重ねるごとに、ますます愛が深まりますように。

1631　金婚式を心からお祝い申しあげますとともに、今後のお二人のご多幸をお祈りいたします。

【誕生日】

1740　お誕生日おめでとうございます。少しでも早く、あなたにこの言葉を伝えたくて‥電報に愛を込めて。

6503　お誕生日おめでとう。ふつつかな友人ですがこれからもよろしくね。

【合格】

3101　合格おめでとうございます。健康に注意して、勉強に、スポーツに励み、悔いのない学生生活を送ってください。

3106　難関突破おめでとう。今までの努力が実って本当によかったね。ひとまわり成長した姿を見せに来てください。

【寿賀】

1813　還暦おめでとうございます。いつまでもご健康で明るくお過ごしくださいますよう、お祈りいたします。

弔電の打ち方と実例

■**しめやかに弔意を伝える電報**

知人の訃報を受けたなら、何はさておき駆けつけて、お悔やみを申し上げたいのが人情です。しかしそれがかなわないときは、通夜当日か、告別式の前までに届くよう、弔電を送ります。

また、仕事上の付き合いの場合などは、通夜、または葬儀に代表が参列し、会社全体または部課から弔電を打つというケースもあります。

弔電を打つ際、とくに注意すべき点は、当然ですが、送り先と宛名です。葬儀会場が故人の自宅とは限りません。また弔電は喪主に宛てて送るのが通例です。喪主は、故人に近い親族があたりますが、故人の配偶者の場合もあれば、親や子が喪主を務めるケースもあります。

突然の訃報は動揺しますが、無事に故人と遺族のもとへ弔電が届けられるよう、次のことを確認するようにしてください。

一、葬儀会場の正しい名称と住所、電話番号
二、通夜・葬儀の行われる日時
三、喪主が誰であるか
四、喪主と故人の続柄

喪主と故人との続柄を再確認することは重要です。弔電では故人が喪主の父親であればご尊父様、妻であればご令室様などの敬称を用います。弔電を宛てた相手と個人の続柄を間違えては、大変失礼なことになるわけです。故人に対する主な敬称は次のとおりです。

父　ご尊父様、お父様、父上（様）
母　ご母堂様、お母様、母上（様）
妻　ご令室様、ご令閨様
祖父　祖母、ご祖父様、ご祖母様
息子　ご子息（様）、ご令息（様）
娘　ご息女（様）、ご令嬢（様）

■**弔電を申し込むには**

弔電の申込方法は、祝電（180ページ参照）の場合と同じです。祝電同様、弔意用として台紙のバリエーションが用意されています。またお悔やみ用のフラワー電報もあります。

■**弔意の電文を作る**

祝電と同様に文例があり、文例番号で申込ができます。

番号を選び、敬称を故人の名前に、あるいは故人の名前を敬称に言いかえて、というかたちの申込も受け付けてくれます。

■弔電の文例（抜粋）

【お悔やみ・個人】

7506 ご生前のご厚情に深く感謝するとともに、故人のご功績を偲び、謹んで哀悼の意を表します。

7509 ご逝去の知らせを受け、ただただ、驚いております。ご生前のお姿を偲び、心よりご冥福をお祈りいたします。

7510 いつまでも、いつまでもお元気で長生きしてくださるものと思っておりました。在りし日のお姿を偲び、心からご冥福をお祈りいたします。

7513 ○○○様のご逝去を悼み、謹んでお悔やみ申し上げますとともに、心からご冥福をお祈りいたします。

7517 ○○様のご逝去を知り、驚愕いたしております。いたってご壮健と伺っておりましただけに、申しあげる言葉もございません。皆様のご落胆もいかばかりかと存じますが、どうぞご自愛くださいませ。ご冥福をお祈りいたします。

7522 ご尊父様のご逝去の報に接し、謹んでお悔やみ申し上げますとともに、心からご冥福をお祈りいたします。

7532 ご母堂様のご逝去の報に接し、謹んでお悔やみ申し上げますとともに、心からご冥福をお祈りいたします。

7607 突然の悲報に接し、驚いております。残されたご家族の皆様のご心情をお察しし、すぐにもお慰めに飛んでまいりたい気持ちですが、遥かな地よりご冥福をお祈りいたします。

【お悔やみ・社葬】

7623 社長様のご訃報に、当社社員一同、謹んで哀悼の意を表します。ご遺族の皆様ならびに社員ご一同様に、心からお悔やみ申し上げます。

【法要】

7705 故人の一周忌と伺い、悲しみを新たにしております。お身内の方の悲しさ、寂しさはいかばかりかとお察し申しあげます。ご法事に出席できませんが、当日は心ばかりの香花をたむけ、故人を偲びたいと思っております。

※電文は、心から故人の死を悼み、冥福を祈る旨を表現します。遺族・故人に対し失礼な言葉や、悲しみをあおる表現は禁物です。オリジナル電文を作る場合も、これらの文例を参考にし、お悔やみの表現は、なるべく文例から引用することをおすすめします。

ひらがな・カタカナをきれいに書くコツ

■ひらがな

ひらがなは、もともと漢字の偏《へん》や旁《つくり》を草書化して形成されてきたものです。したがってその形は、よく似た線の仲間に分類できることがわかります。五十音のひらがなを全部練習するのは大変ですから、この仲間（線）に注目して特徴をつかみましょう。下にまとめましたので、この十八個の部分練習をしてください。その上で、各ひらがなを書くと全体にそろった字が書けるようになります。

また、ひらがなは曲線でできていますが、左ページ右下の表のように、ほぼ六つの形に分類するこ

●ひらがなの形を捉える●

め	あ(安)　ぬ(奴)　め(女)	く	く(久)　へ(辺)
こ	い(以)　こ(己) た(太)　に(仁)	一	す(寸)　せ(世)
丶	う(宇)　え(衣)　ふ(不)	し	し(之)　れ(礼)　ん(无)
丿	う(宇)　り(利)　け(計)	て	そ(曽)　て(天)　ひ(比)
ー	お(於)　た(太)　ち(地) な(奈)　む(武)　を(遠)	オ	ね(祢)　れ(礼)　わ(和)
つ	か(加)　ち(知)　つ(川) や(也)　ら(良)	の	の(乃)　ゆ(由)　ゐ(為)
さ	き(幾)　さ(左)	よ	は(波)　ほ(保) ま(末)　よ(与)
け	け(計)　は(波)　ほ(保)	フ	み(美)　る(留)　ろ(呂) ゑ(恵)
と	と(止)　を(遠)	し	し(之)　も(毛)

とができます。

　この外形を意識して書くと、文字の形が落ち着きます。曲がり、はね、はらい、折れ、止め、そりなどが、これらの外形から極端に飛び出したり、濁点、半濁点、句読点の位置が不適当だったり、文字の中心が左右にずれたりすると、文の行がゆがんで見えてしまいます。

　また文章を手書きで書くときは、漢字に対してひらがなをやや小さめにすると、全体の見栄えがよくなります。

■カタカナ

　カタカナは外来語だけでなく、注意を喚起するためにあえて使うこともあります。

　形の特徴は、多くが漢字の楷書から作られたため、一画一画がほぼ直線的になっています。カタカナは、シャープな線で、大きさをそろえ、力強く書くと上手に見えます。

　似たような形の字がありますので、その違いがはっきりわかるように書きましょう。

　練習をするときは、左下の表のように似た字を一緒に練習すると特徴が捉えやすいので効果的です。

●ひらがなの六つの形●

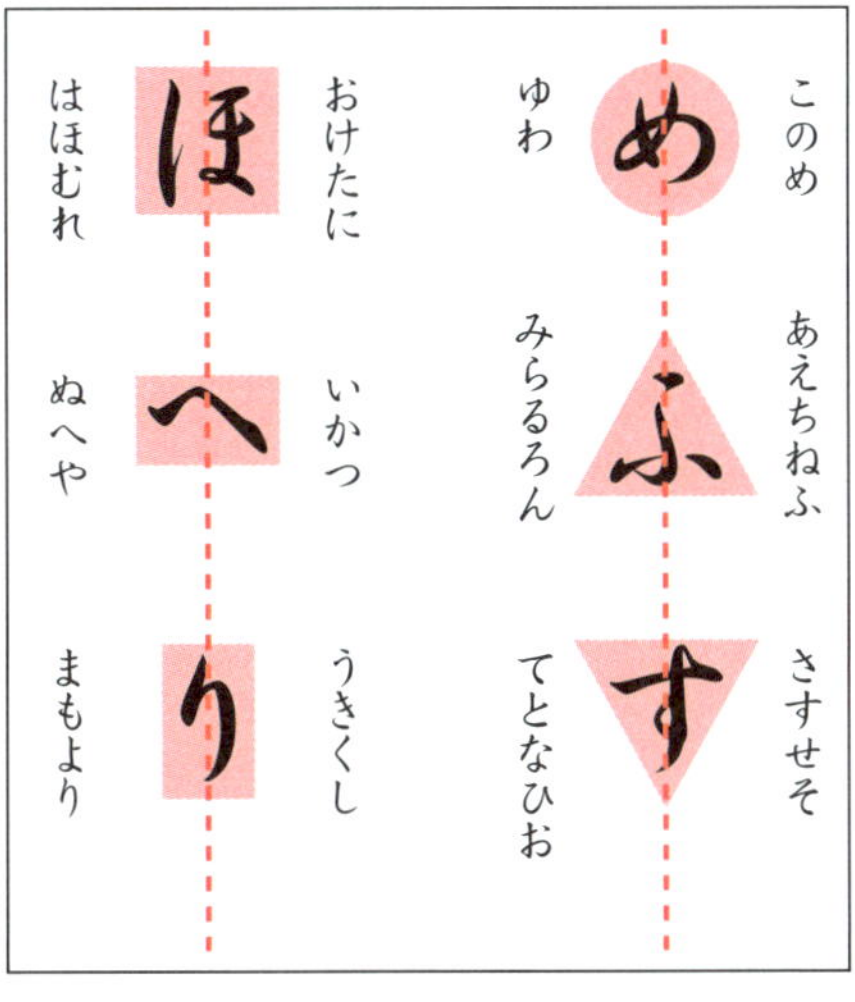

●カタカナのタイプ分け●

［ア・マ・ヤ］
［ク・タ・ケ］
［シ・ツ］
［テ・ラ］

［エ・ユ・コ］
［ソ・リ・ン］
［ス・ヌ］
［メ・ナ］

漢字・文章をきれいに書くコツ

■漢字をきれいに書く

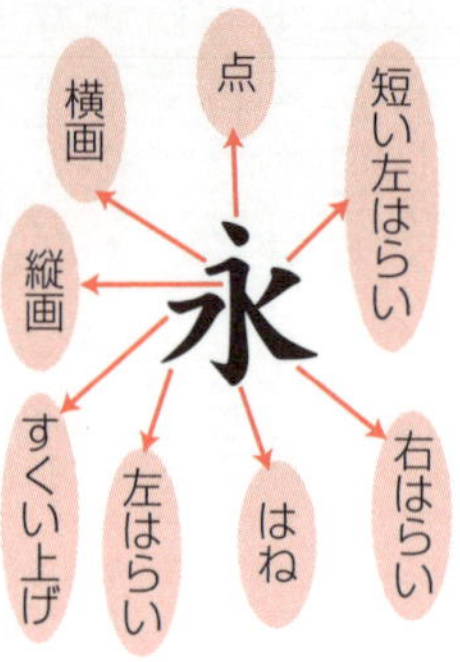

漢字は、いくつかの部品の組み合わせによって作られています。学校でお習字の時間に右のような基本点画を習ったことがあると思います。点画の基本である「点」には、代表的なものが六種類ありますが、これが伸びると「はらい」になり、「縦画」「横画」になると考えればいいでしょう。つまり、漢字をきれいに見せるコツは、一つ一つの部品を正しい位置に収めるということです。

漢字は、四角の中にきちんと収まる様に書くことを、まず念頭におきます。そして、偏や旁のバランス、どの画が長いか、短いか、点やはらいの位置、角度はよいかをチェックします。身近に書の手本がなければ、新聞や雑誌、ワープロの書体から点画のバランスを研究してみるとよいでしょう。

■文章をきれいに書く

　個々の文字は下手ではないのに、文章全体がきれいに見えない、そんな人がよくいます。そういう人は、

文字の大きさが不ぞろい、字間が一定していない

行の縦軸に対して文字がずれている

ことが多いようです。

　むしろ、くせ字の人でも、これらがきれいにできていれば、全体としては読みやすいということもあります。

　また、文章全体をきれいに見せるためには、先に述べた個々の文字の特徴をつかんで、視覚的にバランスよく書くことが大事です。横画が何本もある場合は、文字によってはその間隔を全部同じにするのでなく、安定感を考えて多少空きを調節することも必要です。

　いずれにせよ、きれいな手紙を書くには数をこなすことにつきます。悪筆だからとあきらめないで、ここに紹介したポイントを思い出して、たくさんの手紙や文書を書いてみましょう。そのうちにコツがつかめてきます。

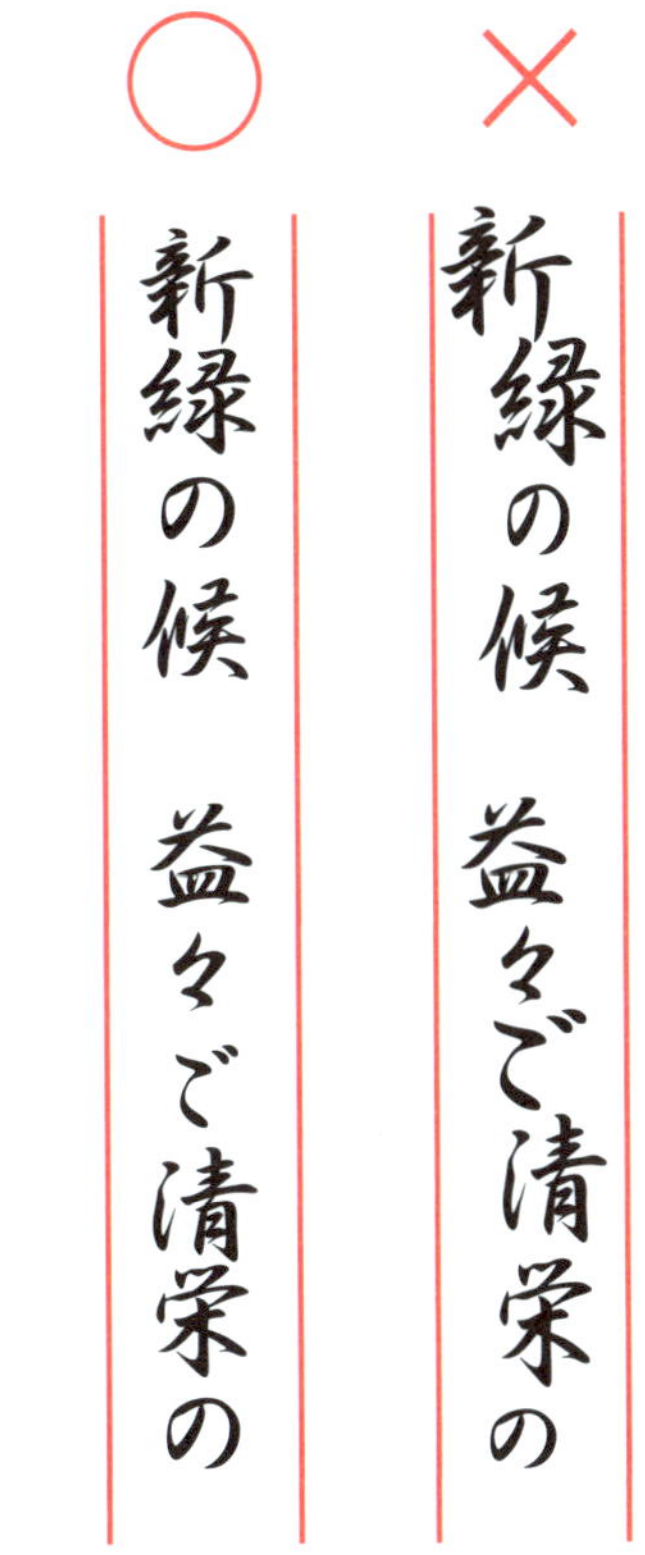
×
新緑の候　益々ご清栄の
○
新緑の候　益々ご清栄の

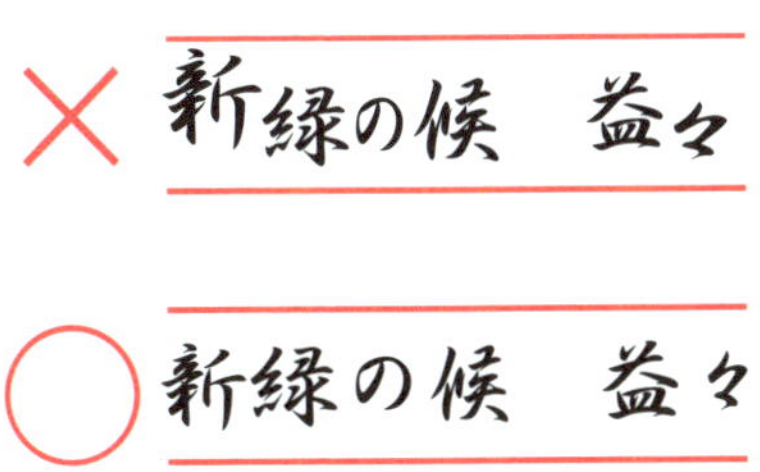
×
新緑の候　益々
○
新緑の候　益々

ミニ知識

■話し言葉と書き言葉

親しい人に手紙を書く場合は話しかけるように書くのも親しみがこもってよいものですが、あらたまった手紙では極力話し言葉は避けて書き言葉で書きます。ところがいまや、中年の会話にまで登場しつつある「ら抜き言葉」は、文章中でもよく見かけます。これを手紙に使うとどういうことになるでしょう。

●保証人がないと銀行からはお金が借りれないことがわかりました。
そこで、○○様にご融資いただきたく、

●治療のおかげで視力が回復し、小さな文字も見れるようになりました。心からお礼申し上げます。

●今日から安心して寝れます。これも悩みを聞いてくださった○○さんのおかげです。

いかにも軽い感じがして、前後の文とのバランスがよくないことに気がつくでしょう。手紙は、本来の正しい表現で書きたいものです。しかし、世の中には、「れる・られるの煩わしさを解消する」とか「時代の変化だから」と擁護する人もいて、こういった文章が通用する時代が来るのかもしれません。

ちなみに、ワープロソフトによってはら抜き言葉をタイプすると《ら抜き表現》と警告してくれるものがあります。

■やってはいけない手紙のタブー■

手紙を出す前に以下の項目をチェックしましょう。

□頭語と結語の組み合わせは、間違っていませんか？
不適切な頭語・結語を使っていないかをチェック

□時候の挨拶は、今の季節に合っていますか？
形式ばかりに気を使い、実際の天候とかけ離れていることがあります

□自分の安否ばかりを述べていませんか？
相手の安否を伺ったのちに、自分側のことを述べるのが基本

□敬語・謙譲語の使い方を間違えていませんか？
無礼な表現をしていないか、過剰敬語になっていないかをチェック

□祝いの手紙に忌み言葉を使っていませんか？
結婚祝いでは別・離・再・破・去・重・戻など、出産祝いでは落・流・消・死など

□相手の名前、家族の名前、会社名・役職などは間違っていませんか？
固有名詞の文字の間違いは大変失礼。役職は変わるので要注意

□相手の名前が、行末に来ていませんか？
または自分の名前が行頭に来ていないかをチェック

□相手側の名前や祝意を表す言葉が２行に分かれていませんか？
「結婚」「婚約」「幸福」などの言葉は２行にまたがらないように

□後付けの形式は正しく書けていますか？
日付・差出人・宛名の位置関係は正しいかをチェック

□適切でない用紙を使っていませんか？
礼を重んじる手紙の場合、メモ用紙または濃い色や派手な柄付きの便箋などでは失礼にあたります。文字の色も黒か青にします

□宛名が連名の場合、順序を間違えていませんか？
上位者を先に書き、敬称はそれぞれにつけているかをチェック

□表書きの住所の表記は正しいですか？
郵便番号・住居表示は正しいか、同居先に敬称をつけたかをチェック

□自分の住所・郵便番号ははっきり読めるように書きましたか？
文字をくずし過ぎて、読めない文字を書いていないかをチェック

□切手はきちんと貼りましたか？　郵便料金は足りていますか？
定型かどうか、料金分の重量をこえていないかどうかをチェック

ま

ら

●ビジネス用文例

●これは使える

●とっておきの表現

さくいん

書きたいものを、キーワードで探せる「さくいん」を作りました。場面は違っていても、使えるフレーズがありますので、大いに利用してください。

著者

市川みどり　いちかわ みどり

東京都生まれ。自動車会社、広告代理店、会館等の役員秘書を経て、電気機器製造会社役員秘書。書籍ライター、暮らしの書デザイナーとしても活躍。現代書、篆刻、実務書道などの依頼を受けている。

扉題字　市川みどり
デザイン・DTP　加藤啓子
イラスト　原田文子
編集・協力　スタジオ亜寓里
DTP協力　阿部五十鈴

とっておきの手紙文例　お礼・お祝い・お詫び・依頼

著　者　市川みどり
発行者　高橋秀雄
発行所　**株式会社 高橋書店**
〒170-6014　東京都豊島区東池袋3-1-1 サンシャイン60 14階
電話　03-5957-7103

ISBN978-4-471-19029-3　©TAKAHASHI SHOTEN　Printed in Japan

定価はカバーに表示してあります。

本書の内容についてのご質問は「書名、質問事項(ページ、内容)、お客様のご連絡先」を明記のうえ、郵送、FAX、ホームページお問い合わせフォームから小社へお送りください。
回答にはお時間をいただく場合がございます。また、電話によるお問い合わせ、本書の内容を超えたご質問にはお答えできませんので、ご了承ください。
本書に関する正誤等の情報は、小社ホームページもご参照ください。

【内容についての問い合わせ先】
書　面　〒170-6014 東京都豊島区東池袋3-1-1 サンシャイン60 14階
高橋書店編集部
ＦＡＸ　03-5957-7079
メール　小社ホームページお問い合わせフォームから　(https://www.takahashishoten.co.jp/)

【不良品についての問い合わせ先】
ページの順序間違い・抜けなど物理的欠陥がございましたら、電話03-5957-7076へお問い合わせください。ただし、古書店等で購入・入手された商品の交換には一切応じられません。